Archana e outras orações em sânscrito

com tradução para o português

Mata Amritanandamayi Center
San Ramon, Califórnia, Estados Unidos

Archana e outras orações em sânscrito

com tradução para o português

Publicado por:
Mata Amritanandamayi Center
P.O. Box 613, San Ramon, CA 94583, Estados Unidos

No Brasil: www.ammabrasil.org

Em Portugal: www.ammaportugal.org

Em Índia: www.amritapuri.org
inform@amritapuri.org

Tyāgenaike amṛtatvamānaśuḥ

Somente através da renúncia
a imortalidade é alcançada.

Kaivalya Upaniṣad

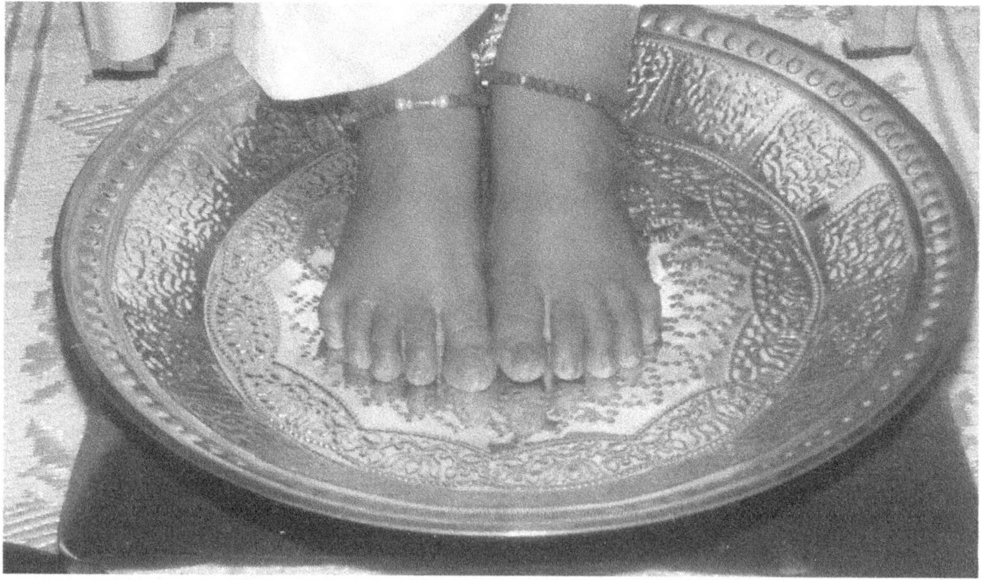

Índice

Benefícios do Archana	6
Mānasa Puja	8
Mātā Amṛtānandamayi Aṣṭottara Śata Nāmāvali	16
Śrī Lalitā Sahasranāmāvali	36
Śrī Mahiṣāsuramardini Stotram	186
Śrī Lalitā Sahasranāmāvali Stotram	200
Śrī Lalitā Triśatī Stotra	232
Ārati	282
Preces de encerramento	286
Bhagavad Gītā – Capítulo 8	290
Bhagavad Gītā – Capítulo 15	302
Yagna Mantra	311
Guia de pronúncia	312

6

Benefícios do Archana

"A entoação diária do Lalita Sahasranama é destinada a trazer prosperidade para a família e paz para o mundo. Se supõe que é uma ferramenta poderosa para minimizar os efeitos kármicos de nossas ações passadas. A entoação também fortalece o nosso foco, e portanto nos ajuda a aprofundar nossas práticas devocionais e espirituais. Diminuição do estresse físico, mental e emocional, favorecimento de uma boa saúde, e aumento da expectativa de vida são alguns dos benefícios trazidos pela entoação dos 1000 nomes de Sri Lalita Parameswari (os 1000 nomes da Deusa). A entoação não purifica apenas o praticante, mas também limpa a atmosfera. É dito que a Deusa protegerá quem entoa o Lalita Sahasranama com devoção todo dia. Ela não deixará faltar a essas pessoas alimento e garantirá a satisfação das necessidades básicas."

– Amma

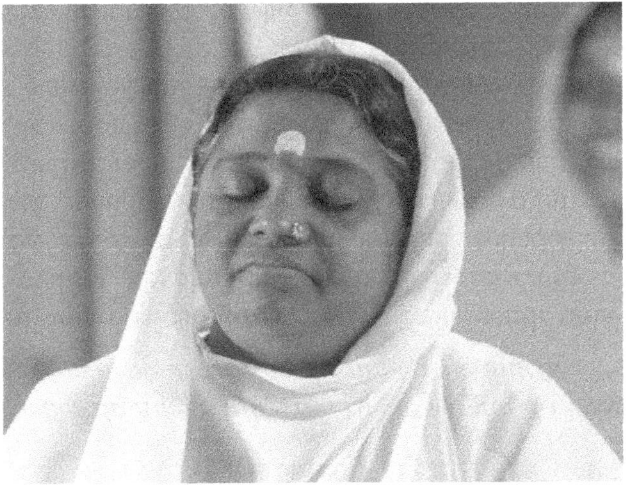

8
Mānasa Puja

Instruções da Amma para adoração mental da Deidade Favorita do devoto durante a meditação.

Sente-se em uma posição confortável e tente sentir uma paz profunda preenchendo o seu ser. Respire lenta, profunda e conscientemente durante 2 a 3 minutos. Recite "Om" três vezes com os olhos fechados. Enquanto recita, imagine que está levando o som da sílaba Om desde o umbigo até o chacra Sahasrara; imagine também que as más disposições mentais e os maus pensamentos fluem para fora. Em seguida, enquanto reza "Amma, Amma…" com devoção, amor e anseio, imagine que a Mãe Divina está em pé à sua frente, sorrindo e olhando para você, repleta de compaixão. Durante um minuto, desfrute da beleza primorosa da Mãe, visualizando cada parte de Sua forma divina. Prostre-se aos Pés de Lótus da Mãe, sentindo que sua testa toca os

Sagrados Pés Dela. Ore a Ela: "Oh Mãe, eu me refugio em Você. Você é a única Verdade duradoura e o único refúgio para mim. Somente Você pode me dar verdadeira paz e alegria. Nunca me abandone, nunca me deixe!

"Em seguida, visualize a forma resplandecente de Devi nas palmas de suas mãos. Raios de compaixão dos olhos de Devi envolvem você. Passe as palmas das mãos pelo rosto e desça pelo corpo, de cima para baixo. Sinta que uma energia divina está permeando você, e sinta que toda infelicidade, todos os maus agouros estão sendo afastados. Durante todo este *puja*, repita continuamente com os lábios, mas sem emitir nenhum som: "Amma, Amma, Amma, não me deixe, não me abandone." Imagine agora que você está banhando a Mãe. À medida que derrama a água sobre a cabeça da Mãe, observe a água correr, descendo sobre cada parte de Sua forma divina, até os Seus Pés de Lótus. Em seguida, faça abluções com leite, *ghee*, mel, pasta de sândalo, água de rosas, etc. A cada item deleite-se com a beleza da forma

Dela. Imagine que ao oferecer estes itens, você está oferecendo a sua própria mente purificada à Mãe. Em seguida, faça ablução com *vibhuti* (cinza sagrada). Observe como o vibhuti lentamente chega aos Pés da Mãe. Depois coloque flores sobre a cabeça Dela. Pegue uma toalha macia e enxugue a face e o corpo Dela. Vista-a com um belo sári, como se você estivesse vestindo sua própria filha. Ore a Ela: "Oh Mãe, venha repousar em meu coração. Somente se Você se acomodar em meu coração, eu poderei trilhar o caminho certo." Aplique perfume em Devi. Enfeite-a com Ornamentos: brincos, colares, cintos, tornozeleiras, etc. Aplique *kumkum* (açafrão) na testa Dela. Coloque uma coroa enfeitada com jóias na cabeça Dela. Coloque uma guirlanda na Mãe. Deleite-se observando a beleza ímpar Dela, e passeie seu olhar por Ela da cabeça aos pés, e dos pés Dela até a cabeça novamente. Como uma criança, fale com a Mãe sobre todos os tipos de coisas. Ore a Ela: "Oh Mãe, Você é puro amor. Eu sou demasiado impuro para merecer a Sua Graça. Sei que meu egoísmo deve ser repelente. Mesmo assim, tenha paciência comigo. Mãe, por favor, esteja comigo. Você é o mais sagrado dos rios. Eu sou um pequeno lago de águas estagnadas, sujas. Você flui para mim e me purifica, ignorando meus defeitos e perdoando meus erros."

Com pasta de sândalo, escreva Om nos pés da Mãe. Ofereça flores três vezes. Agora, após recitar o *Dhyanam* (vide pág. 9) em atitude meditativa, comece a recitar o *Sahasranāmāvali*, começando com *Om śrī matre namaḥ*. (Se estiver recitando em grupo, responda a cada mantra com *Om parāśaktyai namah*.) À medida que recitar cada mantra, imagine que está apanhando uma flor em seu coração, e mentalmente ofereça-a aos Pés de Lótus da Mãe (a flor representa seu próprio coração puro). Quando os Mil Nomes tiverem sido recitados, sente-se ereto(a), em silêncio, por alguns minutos, imaginando que vibrações divinas se espalham por todo seu ser. Agora, ofereça mingau de aveia doce como *naivedya* (oferenda sagrada) para a Mãe com suas mãos e imagine que Ela o aprecia. A verdadeira *naivedya* é seu amor puro pela Mãe. Se puder cantar, cante em seguida uma canção, oferecendo-a à Mãe. Imagine que, ao ouvi-la a Mãe está dançando. Dance junto a Ela. De repente, no meio da dança, Ela deixa você e foge. Corra atrás Dela até que consiga alcançar. Clame: "Oh Mãe, por que está me abandonando? Por que me deixa perecer nesta floresta de *samsara*? O fogo da mundanidade está me queimando. Venha, me levante e me salve." Agora a Mãe para de correr e chama você, estendendo os braços em sua direção. Corra até Ela e a abrace.

Sente-se no colo da Mãe. Sinta-se totalmente livre com a Mãe, como uma criança se sentiria com sua própria mãe, acariciando Seu corpo e Seus Pés de Lótus, trançando Seu cabelo, etc. Peça à Mãe para não te provocar assim novamente. Conte todas as suas queixas e ansiedades. Diga à Mãe que você nunca mais vai permitir que Ela te deixe. Ore a Ela: "Oh Mãe, estou me oferecendo a Seus Pés de Lótus. Torne-me Seu instrumento ideal. Não desejo nada deste mundo. Meu único desejo é contemplar Sua forma Divina e estar em Sua companhia. Dê-me olhos que não vejam nada além da Sua beleza. Dê-me uma mente que se regozija apenas com Você. Deixe que Sua vontade seja a minha vontade, deixe que Seus pensamentos sejam meus pensamentos, Suas palavras sejam minhas palavras. Qualquer coisa que eu faça, até mesmo comer e dormir, que todas as minhas ações tenham apenas um objetivo: o de fundir-me em Você. Torne-me tão abnegado e amoroso quanto Você." Constantemente falando e orando assim, fixe sua mente na forma da Mãe Divina.

Ondule a cânfora acesa diante da Mãe, que permanece à sua frente sorrindo, Seus olhos repletos de compaixão. Imagine que você está oferecendo todas as suas boas e más qualidades, que você Lhe oferece seu ser inteiro.

Faça *pradakshina* (circumambulação) e prostre-se diante dos Pés de Lótus da Mãe com a prece em seu coração: "Oh Mãe do Universo, a Senhora é meu único refúgio. Eu me entrego à Senhora."

Recite as invocações de paz: *asatomā sadgamaya, lokāh samastāh sukhino bhavantu* e *purnamadah purnamidam.* Depois de olhar para Ela, enquanto sente paz e plenitude no coração, incline-se diante Dela e diante do lugar onde você se sentou durante a *puja* . Conclua a *puja*. Se possível, medite na forma Dela por mais algum tempo.

Om paz, paz, paz!

Mātā Amṛtānandamayi Aṣṭottara Śata Nāmāvali

Os cento e oito nomes de Mata Amritanandamayi

Dhyāna śloka

**Dhyāyāmo dhavalāvaguṇṭhanavatīṁ tejomayīm naiṣṭhikīṁ
snigdhāpāṅga vilokinīm bhagavatīṁ mandasmita śrī mukhīṁ
vātsalyāmṛta varṣiṇīm sumadhuraṁ saṅkīrtanālāpinīṁ
śyāmāṅgīṁ madhu sikta sūktīṁamṛtānandātmikām īśvarīṁ**

Meditamos sobre Ela (Mata Amritanandamayi), que veste trajes brancos, que é resplandecente, que está sempre estabelecida na Verdade, cujos olhares brilham com um amor que vincula todos os corações, que é o assento das seis qualidades divinas, cujo sorriso radiante adorna Sua face com auspiciosidade, que incessantemente derrama o néctar da afeição, que canta músicas devocionais com grande doçura, cuja tez lembra a cor das nuvens de chuva, cujas palavras são embebidas em mel, que é a encarnação da felicidade imortal, e que é Ela Própria, a Deusa Suprema.

Saudações à Amma,

1. **Om pūrṇa brahma svarūpiṇyai namaḥ**
...que é a completa manifestação da Verdade absoluta.

2. **Om saccidānanda mūrtaye namaḥ**
...que é a corporificação da existência, do conhecimento e da bem-aventurança.

3. **Om ātmā rāmāgragaṇyāyai namaḥ**
...que é suprema entre aqueles que se regozijam no Ser interior.

4. **Om yoga līnāntarātmane namaḥ**
...cujo Ser é imerso em *yoga* (a união do Ser com Brahman).

5. **Om antar mukha svabhāvāyai namaḥ**
...que é introspectiva por Sua própria natureza.

6. **Om turya tuṅga sthalījjuṣe namaḥ**
...que habita no plano mais alto da consciência, conhecido como *turya*.

7. **Om prabhā maṇḍala vīta yai namaḥ**
...que é totalmente circundada pela luz divina.

8. **Om durāsada mahaujase namaḥ**
...cuja grandeza é insuperável.

9. **Om tyakta dig vastu kālādi sarvāvacceda rāśaye namaḥ**
...que se elevou acima de todas as limitações de espaço, matéria e tempo.

10. **Om sajātīya vijātīya svīya bheda nirākṛte namaḥ**
...que é desprovida de todo tipo de diferenças.

11. **Om vāṇī buddhi vimṛgyāyai namaḥ**
...cuja fala e intelecto não podem ser apreendidos.

12. **Om śaśvad avyakta vartmane namaḥ**
...cujo caminho é eternamente indefinido.

13. **Om nāma rūpādi śūnyāyai namaḥ**
...que é desprovida de nome e de forma.

14. **Om śūnya kalpa vibhūtaye namaḥ**
...para quem os poderes iogues são desimportantes.

Saudações à Amma,

15. Om ṣaḍaiśvarya samudrāyai namaḥ

...que tem as marcas auspiciosas das seis qualidades divinas (abundância, valentia, fama, auspiciosidade, conhecimento e desapego).

16. Om dūrī kṛta ṣaḍ ūrmaye namaḥ

...que é desprovida das seis modificações da vida (nascimento, existência, crescimento, mudança ou evolução, degeneração e destruição).

17. Om nitya prabuddha saṁśuddha nirmuktātma prabhāmuce namaḥ

... que emana a luz do Ser, eterna, consciente, pura e livre.

18. Om kāruṇyākula cittāyai namaḥ

...cujo coração é repleto de compaixão.

19. Om tyakta yoga suṣuptaye namaḥ

...que abriu mão do sono iogue.

20. Om kerala kṣmāvatīrṇāyai namaḥ

...que encarnou na terra de Kerala.

21. Om mānuṣa strī vapurbhṛte namaḥ

...que tem um corpo humano feminino.

22. Om dharmiṣṭha suguṇānanda damayantī svayam bhuve namaḥ

...que encarnou por Sua própria vontade como a filha dos virtuosos Sugunananda e Damayanti.

23. Om mātā pitṛ cirācīrṇa puṇya pūra phalātmane namaḥ

...que nasceu de Seus pais como resultado de seus muitos atos virtuosos durante muitas vidas.

24. Om niśśabda jananī garbha nirgamādbhuta karmaṇe namaḥ

...que de forma miraculosa se manteve em silêncio ao sair do útero de Sua mãe.

25. Om kālī śrī kṛṣṇa saṅkāśa komala śyāmala tviṣe namaḥ

...que tem uma linda tez escura que lembra a de Kali e a de Krishna.

26. Om cira naṣṭa punar labdha bhārgava kṣetra sampade namaḥ

...que é a riqueza de Kerala (terra de Bhargava), perdida por longo tempo e agora recuperada.

Saudações à Amma,

27. Om mṛta prāya bhṛgu kṣetra punar uddhita tejase namaḥ
...que é a vida de Kerala, que estava quase morrendo, e agora ressuscitou.

28. Om sauśīlyādi guṇākṛṣṭajaṅgama sthāvarālaye namaḥ
...que por Suas nobres qualidades, como a do bom comportamento, atrai toda a criação.

29. Om manuṣya mṛga pakṣyādi sarva saṁsevitāṅghraye namaḥ
...cujos pés são servidos por humanos, animais, pássaros e todos os demais.

30. Om naisargika dayā tīrtha snāna klinnāntarātmane namaḥ
...cujo Ser interior é sempre banhado no sagrado rio da misericórdia.

31. Om daridra janatā hasta samarpita nijāndhase namaḥ
...que ofereceu Seu próprio alimento para os pobres.

32. Om anya vaktra pra bhuktānna pūrita svīya kukṣaye namaḥ
...cujo estômago fica satisfeito quando os outros têm suas próprias refeições.

33. Om samprāpta sarva bhūtātma svātma sattānubhūtaye namaḥ
...que alcançou a experiência de que Seu Ser é uno com o Ser de todos os seres.

34. Om aśikṣita svayam svānta sphurat kṛṣṇa vibhūtaye namaḥ
... que conhecia tudo sobre Krishna sem ter sido ensinada.

35. Om acchinna madhurodāra kṛṣṇa līlānusandhaye namaḥ
...que contemplou continuamente as brincadeiras carinhosas do Senhor Krishna.

36. Om nandātmaja mukhāloka nityotkaṇṭhita cetase namaḥ
...cuja mente sempre ansiou ver a face do Filho de Nanda (Krishna).

37. Om govinda viprayogādhi dāva dagdhāntarātmane namaḥ
...cuja mente queimava no fogo da agonia da separação de Govinda.

38. Om viyoga śoka sammūrcchā muhur patita varṣmaṇe namaḥ
...que desmaiava com frequência, devido à dor da não união com Krishna.

39. Om sārameyādi vihita śuśrūṣā labdha buddhaye namaḥ
...que recuperava a consciência pelos cuidados dados pelos cães e outros animais.

40. Om prema bhakti balākṛṣṭa prādur bhāvita śārṅgiṇe namaḥ
...cujo amor supremo atraiu Krishna à força, por assim dizer, a Se manifestar diante Dela.

Saudações à Amma,

41. Om kṛṣṇa loka mahāhlāda dhvasta śokāntarātmane namaḥ

...que foi aliviada de Sua agonia pela imensa alegria da visão de Krishna.

42. Om kāñcī candraka manjīra vaṁśī śobhi svabhū dṛśe namaḥ

...que teve a visão da brilhante forma de Krishna, com ornamentos dourados tais como cintos, tornozeleiras, pena de pavão e flauta.

43. Om sārvatrika hṛṣīkeśa sānnidhya laharī spṛśe namaḥ

...que sentia a onipresença de Hrisikesa (Krishna).

44. Om susmera tan mukhāloka vismerotphulla dṛṣṭaye namaḥ

...cujos olhos permaneciam bem abertos pela alegria de contemplar a face sorridente de Krishna.

45. Om tat kānti yamunā sparśa hṛṣṭa romāṅga yaṣṭaye namaḥ

...cujo cabelo se arrepiou quando Ela tocou o rio da beleza Dele.

46. Om apratīkṣita samprāptādevī rūpopalabdhaye namaḥ

...que teve uma visão inesperada da Mãe Divina.

47. Om pāṇī padma svapadvīṇā śobhamānāmbikā dṛśe namaḥ
...que teve a visão da Mãe Divina segurando a vina em Sua mão de lótus.

48. Om devī sadyas tirodhāna tāpa vyathita cetase namaḥ
...que ficou muito triste com o súbito desaparecimento da Mãe Divina.

49. Om dīna rodana nir ghoṣa dīrṇa dikkarṇa vartmane namaḥ
...cuja lamentação dolorosa abalava os ouvidos dos quatro cantos.

50. Om tyaktānna pāna nidrādi sarva daihika dharmaṇe namaḥ
...que desistiu de todas as atividades corporais, como comer, beber e dormir.

51. Om kurarādi samānīta bhakṣya poṣita varṣmaṇe namaḥ
...cujo corpo foi nutrido pelo alimento trazido por pássaros e animais.

52. Om vīṇā niṣyanti saṅgīta lālita śruti nālaye namaḥ
...cujos ouvidos ficaram imersos nas ondas das melodias divinas que emanavam da vina (nas mãos da Mãe Divina).

53. Om apāra paramānanda laharī magna cetase namaḥ
...cuja mente ficou imersa na felicidade embriagadora, ilimitada, suprema.

Saudações à Amma,

54. Om caṇḍikā bhīkarākāra darśanālabdha śarmaṇe namaḥ

...cuja mente encheu-se de paz pela visão da terrível forma da Mãe Divina (Chandika).

55. Om śānta rūpāmṛtajharī pāraṇā nirvṛtātmane namaḥ

...que foi preenchida pelo êxtase bebendo do rio de ambrósia da felicidade (da Mãe Divina).

56. Om śāradā smārakāśeṣa svabhāva guṇa sampade namaḥ

...cuja natureza e qualidades nos lembram as de Sri Sarada Devi.

57. Om prati bimbita cāndreya śāradobhaya mūrtaye namaḥ

... em quem se reflete a forma dual de Sri Ramakrishna e de Sri Sarada Devi.

58. Om tannāṭakābhinayana nitya raṅgayitātmane namaḥ

...em quem podemos ver a nova encenação da atuação deles dois.

59. Om cāndreya śāradā kelī kallolita sudhābdhaye namaḥ

...que é o oceano de ambrosia no qual emergem as ondas dos vários jogos de Sri Ramakrishna e Sri Sarada Devi.

60. Om uttejita bhṛgu kṣetra daiva caitanya raṁhase namaḥ
...que aprimorou as potencialidades divinas de Kerala.

61. Om bhūyaḥ pratyavaruddhārṣa divya saṁskāra rāśaye namaḥ
...que restabeleceu os valores divinos eternos, expostos pelos *rishis*.

62. Om aprākṛtāt bhūtānanta kalyāṇa guṇa sindhave namaḥ
...que é um oceano de qualidades divinas, que são naturais, maravilhosas, infinitas.

63. Om aiśvarya vīrya kīrti śrī jñāna vairāgya veśmaṇe namaḥ
...que é a personificação da soberania, valentia, fama, auspiciosidade, conhecimento, desapego; as seis características da personificação divina.

64. Om upātta bāla gopāla veṣa bhūṣā vibhūtaye namaḥ
...que assumiu a forma e as qualidades de Bala Gopala (Krishna criança).

65. Om smera snigdha kaṭākṣāyai namaḥ
...cujos olhares são os mais doces e amorosos.

66. Om svairādyuṣita vedaye namaḥ
...que conduz brincando Seus programas no palco.

Saudações à Amma,

67. Om piñcha kuṇḍala mañjīra vaṁśikā kiṅkiṇī bhṛte namaḥ

...que usa todos os ornamentos, a pena de pavão, os brincos, as tornozeleiras e a flauta, como Krishna.

68. Om bhakta lokākhilā bhīṣṭa pūraṇa prīṇanecchave namaḥ

...que gosta de agradar o mundo de devotos, realizando lhes os desejos.

69. Om pīṭhārūḍha mahādevī bhāva bhāsvara mūrtaye namaḥ

...que com a atitude da Grande Mãe Divina, sentada no *pitham* (assento divino), parece divinamente resplandecente.

70. Om bhūṣanāmbara veṣa śrī dīpya mānāṅga yaṣṭaye namaḥ

...cujo corpo inteiro brilha, adornado com enfeites e usando uma vestimenta especial como a da Mãe Divina.

71. Om suprasanna mukhāmbhoja varābhayada pāṇaye namaḥ

...que tem uma face brilhante e radiante, tão linda quanto uma flor de lótus, e que mantém a mão em posição de bênção.

72. Om kirīṭa raśanākarṇa pūra svarṇa paṭī bhṛte namaḥ
...que usa todos os vários ornamentos de ouro e a coroa, como a Mãe Divina.

73. Om jihva līḍha mahā rogi bībhatsa vraṇita tvace namaḥ
...que lambe com Sua língua as úlceras purulentas de pessoas portadoras de doenças terríveis.

74. Om tvag roga dhvaṁsa niṣṇāta gaurāṅgāpara mūrtaye namaḥ
...que, como Sri Chaitanya, é perita na remoção de doenças da pele.

75. Om steya hiṁsā surāpānā dyaśeṣādharma vidviṣe namaḥ
...que desaprova firmemente as más qualidades tais como roubar, ferir os outros, usar intoxicantes etc.

76. Om tyāga vairagya maitryādi sarva sadvāsanā puṣe namaḥ
...que incentiva o cultivo de boas qualidades, como renúncia, desapego, amor etc.

77. Om pādāśrita manorūḍha dussaṁskāra rahomuṣe namaḥ
...que elimina todas as más tendências do coração daqueles que buscam refúgio em Seus Pés de Lótus.

Saudações à Amma,

78. Om prema bhakti sudhāsikta sādhu citta guhājjuṣe namaḥ

...que reside na caverna dos corações dos piedosos que estão imersos no néctar da devoção.

79. Om sudhāmaṇi mahā nāmne namaḥ

...que tem o grande nome de Sudhamani.

80. Om subhāṣita sudhā muce namaḥ

...cuja fala é tão doce quanto a ambrosia.

81. Om amṛtānanda mayyākhyā janakarṇa puṭa spṛśe namaḥ

...cujo nome, como Amritanandamayi, ressoa no mundo todo.

82. Om dṛpta datta viraktāyai namaḥ

...que é indiferente às oferendas de pessoas vãs e mundanas.

83. Om namrārpita bhubhukṣave namaḥ

...que aceita o alimento oferecido pelos devotos com humildade.

84. Om utsṛṣṭa bhogi saṅgāyai namaḥ

...que é relutante em estar na companhia de quem busca prazeres.

85. Om yogi saṅga riraṁsave namaḥ

...que valoriza a companhia dos iogues.

86. Om abhinandita dānādi śubha karmā bhivṛddhaye namaḥ

...que incentiva as boas ações, como caridade etc.

87. Om abhivandita niśśeṣa sthira jaṅgama sṛṣṭaye namaḥ

...que é adorada pelos seres animados e inanimados do mundo.

88. Om protsāhita brahmavidyā sampradāya pravṛttaye namaḥ

...que incentiva o aprendizado de Brahmavidya, a ciência do Absoluto, através da tradicional linhagem de discípulos do Guru.

89. Om punar āsādita śreṣṭha tapovipina vṛttaye namaḥ

...que restaura o grande modo de vida dos sábios das florestas.

90. Om bhūyo gurukulā vāsa śikṣaṇotsuka medhase namaḥ

...que é hábil no restabelecimento do modo *gurukula* de educação.

Saudações à Amma,

91. Om aneka naiṣṭhika brahmacāri nirmātṛ vedhase namaḥ

...que é uma mãe para muitos e muitas *brahmacharis* perpétuos.

92. Om śiṣya saṅkrāmita svīya projvalat brahma varcase namaḥ

...que transmitiu Seu resplendor divino aos Seus discípulos.

93. Om antevāsi janāśeṣa ceṣṭā pātita dṛṣṭaye namaḥ

...que observa todas as ações dos discípulos.

94. Om mohāndha kāra sañcāri lokā nugrāhi rociṣe namaḥ

...que se deleita em abençoar os mundos, movendo-se como uma luz celestial, dissipando as trevas.

95. Om tamaḥ kliṣṭa mano vṛṣṭa svaprakāśa śubhāśiṣe namaḥ

...que derrama a luz de Suas bênçãos nos corações daqueles que sofrem nas trevas da ignorância.

96. Om bhakta śuddhānṭa raṅgastha bhadra dīpa śikhā tviṣe namaḥ

...que é a chama brilhante na lâmpada acesa no coração puro dos devotos.

97. Om saprīthi bhukta bhaktaughanyarpita sneha sarpiṣe namaḥ
...que gosta de tomar o *ghee* oferecido pelos devotos.

98. Om śiṣya varya sabhā madhya dhyāna yoga vidhitsave namaḥ
...que gosta de se sentar em meditação com os discípulos.

99. Om śaśvalloka hitācāra magna dehendriyāsave namaḥ
...cujo corpo e sentidos estão sempre atuando pelo bem do mundo.

100. Om nija puṅya pradānānya pāpādāna cikīrṣave namaḥ
...que é feliz trocando Seus próprios méritos pelos deméritos dos outros.

101. Om para svaryāpana svīya naraka prāpti lipsave namaḥ
...que é feliz ao trocar o paraíso pelo inferno para o alívio dos demais.

102. Om rathotsava calat kanyā kumārī martya mūrtaye namaḥ
...que é Kanya Kumari na forma humana, como na ocasião do festival da carruagem.

103. Om vimo hārṇava nirmagna bhṛgu kṣetrojjihīrṣave namaḥ
...que fica ansiosa por elevar a terra de Kerala, que está imersa no oceano da ignorância.

Saudações à Amma,

104. Om punassantā nita dvaipāyana satkula tantave namaḥ

...que estendeu a grande linhagem do sábio Veda Vyasa.

105. Om veda śāstra purāṇetihāsa śāśvata bandhave namaḥ

...que é amiga eterna do conhecimento védico e de todos os demais textos espirituais.

106. Om bhṛgu kṣetra samun mīlat para daivata tejase namaḥ

...que é a divina glória da terra do despertar de Kerala.

107. Om devyai namaḥ

...que é a Grande Mãe Divina.

108. Om premāmṛtānandamayyai nityam namo namaḥ

...que é repleta de amor divino e bem-aventurança imortal, adorações de novo e de novo.

Śrī Lalitā Sahasranāmāvali

Os mil nomes da Mãe Divina em forma de mantra

Dhyānam – Versos de Meditação

Sindūrāruṇa vigrahām tri nayanām māṇikya mauli sphurat
tārānāyaka śekharām smita mukhīm āpīna vakṣoruhām
pāṇibhyām alipūrṇa ratna caṣakam raktotpalam bibhratīm
saumyām ratna ghaṭastha rakta caraṇām dhyāyet parām ambikām

Ó Mãe Ambika, eu medito em Sua resplandecente forma vermelha, com três olhos sagrados, usando uma coroa de jóias cintilantes e a lua crescente, exibindo um sorriso doce, com seios fartos que transbordam amor maternal, portando em cada mão vasos ornados com jóias e decorados com flores de lótus vermelhas rodeadas por abelhas, e com os pés de lótus vermelhos repousando sobre uma jarra dourada repleta de jóias!

Dhyāyet padmāsanasthām vikasita vadanām padma patrāyatākṣīm
hemābhām pītavastrām kara kalita lasad hema padmām varāṅgīm
sarvālaṅkāra yuktām satatam abhayadām bhaktanamrām bhavānīm
śrī vidyām śānta mūrtim sakala sura nutāmsarva sampat pradātrīm

Ó Mãe, permita que eu medite em Sua linda forma da cor do ouro, de face radiante e grandes olhos de lótus, sentada sobre uma flor de lótus, com vestes amarelas resplandecentes, repletas de ornamentos, segurando um lótus dourado em Sua mão, adorada pelos devotos prostrados em reverência e sempre concedendo refúgio a eles! Permita que eu medite na Senhora, ó Sri Vidya, personificação da paz, objeto de adoração de todos os devas, aquela que concede todas as riquezas!

Sakuṅkuma vilepanām alika cumbi kastūrikām
samanda hasitekṣaṇām saśara cāpa pāśāṅkuśām
aśeṣa jana mohinīm aruṇa mālya bhūṣojvalām
japā kusuma bhāsurām japavidhau smaredambikām

Ó Mãe do Universo, enquanto me sento para o japa [recitação de mantras], deixe-me lembrar de Sua forma, que tem a beleza da flor de hibisco, usando uma guirlanda vermelha e ornamentos resplandecentes, coberta com açafrão vermelho, brilhando com uma marca de almíscar na testa, cujo aroma atrai as abelhas, segurando nas mãos o arco e a flecha, o laço e o aguilhão; exibindo um sorriso gentil, distribuindo olhares doces e cativando a todos!

Aruṇām karuṇā taraṅgitākṣīm
dhṛta pāśāṅkuśa puṣpa bāṇa cāpām
aṇimādibhir āvṛtām mayūkhai
raham ityeva vibhāvaye maheśīm

Ó Grande Deusa, deixe-me imaginar que existo em união com Sua gloriosa forma vermelha, circundada pelos raios dourados da Anima e das outras oito glórias divinas, portando o laço e o aguilhão, o arco e a flecha de flores, com olhos nos quais emergem ondas de compaixão!

Saudações à Mãe Divina

1. **Om śrī mātre namaḥ**
   ...a Ela que é a Mãe auspiciosa.
2. **Om śrī mahā rājñyai namaḥ**
   ...a Ela que é a Imperatriz do Universo.
3. **Om śrīmat siṁhāsaneśvaryai namaḥ**
   ...a Ela que é a rainha do trono mais glorioso.
4. **Om cid agni kuṇḍa sambhūtāyai namaḥ**
   ...a Ela que nasceu na chama da Consciência Pura.
5. **Om deva kārya samudyatāyai namaḥ**
   ... a Ela cuja intenção é cumprir os desejos dos deuses.
6. **Om udyad bhānu sahasrābhāyai namaḥ**
   ...a Ela que tem o brilho de mil sóis nascentes.
7. **Om catur bāhu samanvitāyai namaḥ**
   ...a Ela que possui quatro braços.

8. Om rāga svarūpa pāśāḍhyāyai namaḥ
...a Ela que segura a corda do amor em Sua mão.

9. Om krodhā kārāṅkuś ojjvalāyai namaḥ
...a Ela que brilha, carregando o cajado da ira.

10. Om mano rūpekṣu kodaṇḍāyai namaḥ
...a Ela que segura um arco de cana de açúcar, que representa a mente.

11. Om pañca tanmātra sāyakāyai namaḥ
...a Ela que segura os cinco elementos sutis como flechas.

12. Om nijāruṇa prabhā pūra majjad brahmāṇḍa maṇḍalāyai namaḥ
...a Ela que mergulha o universo inteiro na refulgência vermelha de Sua forma.

13. Om campakāśoka punnāga saugandhika lasat kacāyai namaḥ
...a Ela cujos cabelos foram adornados com flores como *champaka*, *asóka*, *punnãga* e *saugandhika*.

Saudações à Mãe Divina

14. Om kuruvinda maṇi śreṇī kanat koṭīra maṇḍitāyai namaḥ

...a Ela que é resplandecente, com uma coroa adornada com fileiras de rubis (jóias de *kuruvinda*).

15. Om aṣṭamī candra vibhrāja dalika sthala śobhitāyai namaḥ

...a Ela cuja testa brilha como a lua crescente da oitava noite do mês lunar.

16. Om mukha candra kalaṅkābha mṛganābhi viśeṣakāyai namaḥ

...a Ela que usa uma marca de almíscar em Sua testa, que brilha como um ponto na lua.

17. Om vadana smara māṅgalya gṛha toraṇa cillikāyai namaḥ

...a Ela cujas sobrancelhas brilham como os arcos que conduzem à casa de Kama, o deus do amor, com o qual Seu rosto se assemelha.

18. Om vaktra lakṣmī parīvāha calan mīnābha locanāyai namaḥ

...a Ela cujos olhos possuem o brilho dos peixes que se movem no rio de beleza que flui de Seu rosto.

19. Om nava campaka puṣpābha nāsā daṇḍa virājitāyai namaḥ

...a Ela que é resplandecente, com um nariz que tem a beleza da flor *champaka* recém-desabrochada.

20. Om tārā kānti tiraskāri nāsābharaṇa bhāsurāyai namaḥ

...a Ela que brilha com um ornamento no nariz que supera o brilho de uma estrela.

21. Om kadamba mañjarī kḷpta karṇapūra manoharāyai namaḥ

...a Ela que é cativante, usando cachos de flores de *kadamba* como brincos.

22. Om tāṭaṅka yugalī bhūta tapanoḍupa maṇḍalāyai namaḥ

...a Ela que usa o sol e a lua como um par de grandes brincos.

23. Om padma rāga śilādarśa paribhāvi kapola bhuve namaḥ

...a Ela cujas bochechas superam, em beleza, os espelhos feitos de rubi.

24. Om nava vidruma bimba śrī nyakkāri radana cchadāyai namaḥ

...a Ela cujos lábios tem um esplendor brilhante maior que o de corais e de frutas frescas cortadas.

Saudações à Mãe Divina

25. Om śuddha vidyāṅkurākāra dvija paṅkti dvayojjvalāyai namaḥ

...a Ela que tem dentes radiantes que se assemelham a botões de flores de puro conhecimento.

26. Om karpūra vīṭikāmoda samākarṣi digantarāyai namaḥ

...a Ela que desfruta de um rolo de bétel com cânfora, cuja fragrância atrai pessoas de todas as direções.

27. Om nija sallāpa mādhurya vinirbhartsita kacchapyai namaḥ

...a Ela, que supera até mesmo a vina de Saraswati na doçura de Sua fala.

28. Om manda smita prabhā pūra majjat kāmeśa mānasāyai namaḥ

...a Ela que submerge até mesmo a mente de Kamesha (Senhor Shiva), no brilho do Seu sorriso.

29. Om anākalita sādṛśya cibuka śrī virājitāyai namaḥ

...a Ela cujo queixo não pode ser comparado a nada (vai além de qualquer comparação devido à sua incomparável beleza).

30. Om kāmeśa baddha māṅgalya sūtra śobhita kandharāyai namaḥ

...a Ela cujo pescoço é enfeitado com um colar matrimonial, colocado por Kamesha.

31. Om kanakāṅgada keyūra kamanīya bhujānvitāyai namaḥ

...a Ela cujos braços são lindamente adornados com braceletes dourados.

32. Om ratna graiveya cintāka lola muktā phalānvitāyai namaḥ

...a Ela cujo pescoço resplandece com um colar cravejado de pedras preciosas e um camafeu com pérola.

33. Om kāmeśvara prema ratna maṇi pratipaṇa stanyai namaḥ

...a Ela que dá seus seios à Kameshvara em retorno à joia do amor que Ele concede a Ela.

34. Om nābhyālavāla romāli latā phala kuca dvayyai namaḥ

...a Ela cujos seios são frutos da linha de Seus pelos, que começa nas profundezas de Seu umbigo e se espalha para cima.

35. Om lakṣya roma latā dhāratā sumunneya madhyamāyai namaḥ

...a Ela que tem uma cintura cuja existência só pode ser inferida pelo fato de que dela brota a linha de Seus pelos.

Saudações à Mãe Divina

36. Om stana bhāra dalan madhya paṭṭa bandha vali trayāyai namaḥ

...a Ela cujo abdômen tem três dobras, formando um cinto que protege Sua cintura de se quebrar sob o peso de Seus seios.

37. Om aruṇāruṇa kausumbha vastra bhāsvat kaṭī taṭyai namaḥ

...a Ela cujos quadris são adornados com vestimentas tão vermelhas quanto o sol nascente, tingidas com o extrato da flor de cártamo.

38. Om ratna kiṅkiṇikā ramya raśanā dāma bhūṣitāyai namaḥ

...a Ela que é adornada com um cinto decorado com sinos cravejados de joias.

39. Om kāmeśa jñāta saubhāgya mārdavoru dvayānvitāyai namaḥ

...a Ela cuja beleza e maciez de Suas coxas são conhecidas apenas por Kamesha, Seu marido.

40. Om māṇikya mukuṭākāra jānu dvaya virājitāyai namaḥ

...a Ela cujos joelhos são como coroas esculpidas em pedras preciosas vermelhas *manikya* (um tipo de rubi).

41. Om indra gopa parikṣipta smara tūṇābha jaṅghikāyai namaḥ

...a Ela cujas panturrilhas brilham como a estojo de flechas coberto de joias do Deus do Amor.

42. Om gūḍha gulphāyai namaḥ

...a Ela cujos tornozelos estão escondidos.

43. Om kūrma pṛṣṭha jayiṣṇu prapadānvitāyai namaḥ

...a Ela cujos pés têm arcos que competem com o casco de uma tartaruga em suavidade e beleza.

44. Om nakha dīdhiti sañchanna namajjana tamoguṇayai namaḥ

...a Ela cujas unhas dos pés emitem tanta luz, que toda escuridão da ignorância é completamente dissipada nos devotos que se prostram aos seus pés.

45. Om pada dvaya prabhā jāla parākṛta saroruhāyai namaḥ

...a Ela cujos pés superam as flores de lótus em resplandecência.

46. Om śiñjāna maṇi mañjīra maṇḍita śrī padāmbujāyai namaḥ

...a Ela cujos auspiciosos pés de lótus são adornados com tornozeleiras cravejadas de ouro que tilintam docemente.

Saudações à Mãe Divina

47. Om marālī manda gamanāyai namaḥ
...a Ela cujos passos são tão lentos e gentis quanto os de um cisne.

48. Om mahā lāvaṇya śevadhaye namaḥ
...a Ela que é a caixa do tesouro da beleza.

49. Om sarvāruṇāyai namaḥ
...a Ela cuja pele é inteiramente vermelha.

50. Om anavadyāṅgyai namaḥ
...a Ela cujo corpo é digno de adoração.

51. Om sarvābharaṇa bhūṣitāyai namaḥ
...a Ela que resplandece com todos os tipos de ornamentos.

52. Om śiva kāmeśvarāṅkasthāyai namaḥ
...a Ela que se senta no colo de Shiva, aquele que vence o desejo.

53. Om śivāyai namaḥ
...a Ela que concede tudo o que é auspicioso.

54. Om svādhīna vallabhāyai namaḥ
...a Ela que mantém Seu esposo sempre sob Seu controle.

55. Om sumeru madhya śṛṅgasthāyai namaḥ
...a Ela que se senta no pico do Monte Sumeru.

56. Om śrīman nagara nāyikāyai namaḥ
...a Ela que é a Senhora da cidade mais próspera.

57. Om cintāmaṇi gṛhāntasthāyai namaḥ
...a Ela que reside em uma casa construída com Cintamani (gema que realiza desejos).

58. Om pañca brahmāsana sthitāyai namaḥ
...a Ela que se senta em um assento feito dos cinco Brahmas.

59. Om mahā padmāṭavī saṁsthāyai namaḥ
...a Ela que reside na grande floresta de lótus.

60. Om kadamba vana vāsinyai namaḥ
...a Ela que reside na floresta de *kadamba*.

61. Om sudhā sāgara madhyasthāyai namaḥ

...a Ela que reside no centro do oceano de néctar.

62. Om kāmākṣyai namaḥ

...a Ela cujos olhos despertam desejo, a Ela que tem belos olhos.

63. Om kāma dāyinyai namaḥ

...a Ela que concede todos os desejos.

64. Om devarṣi gaṇa saṅghāta stūyamānātma vaibhavāyai namaḥ

...a Ela cujo poder é objeto de adoração por multidões de deuses e sábios.

65. Om bhaṇḍāsura vadhodyukta śakti senā samanvitāyai namaḥ

...a Ela que é dotada de um exército de *shaktis* (energias) que intencionam destruir o demônio Bhandasura.

66. Om sampatkarī samārūḍha sindhura vraja sevitāyai namaḥ

...a Ela que é assistida por uma manada de elefantes habilmente comandada por Sampatkari.

67. Om aśvārūḍhādhiṣṭhitāśva koṭi koṭibhir āvṛtāyai namaḥ

...a Ela que é circundada por uma cavalaria de muitos milhões de cavalos, que estão sob o comando da *shakti* Asvarudha.

68. Om cakra rāja rathārūḍha sarvāyudha pariṣkṛtāyai namaḥ

...a Ela que brilha em sua carruagem Chakraraja, equipada com todos os tipos de armas.

69. Om geya cakra rathārūḍha mantriṇī pari sevitāyai namaḥ

...a Ela que é servida pela *shakti* de nome Mantrini, que cavalga na carruagem conhecida como Geyachakra.

70. Om kiri cakra rathārūḍha daṇḍanāthā puras kṛtāyai namaḥ

...a Ela que é escoltada pela *shakti* conhecida como Dandanatha, sentada na carruagem Kirichakra.

71. Om jvālā mālinikākṣipta vahni prākāra madhyagāyai namaḥ

...a Ela que se posicionou no centro da fortaleza de fogo criada pela deusa Jvalamalini.

72. Om bhaṇḍa sainya vadhodyukta śakti vikrama harṣitāyai namaḥ

...a Ela que se regozija com o valor das *shaktis* que intencionam destruir as forças de Bhandasura.

Saudações à Mãe Divina

73. Om nityā parākramāṭopa nirīkṣaṇa samutsukāyai namaḥ

...a Ela que se deleita ao ver o poder e o orgulho de Suas deidades eternas.

74. Om bhaṇḍa putra vadhodyukta bālā vikrama nanditāyai namaḥ

...a Ela que se deleita ao ver a valentia da deusa Bala, que intenciona destruir os filhos de Bhanda.

75. Om mantriṇyambā viracita viṣaṅga vadha toṣitāyai namaḥ

...a Ela que se regozija ante a destruição, em batalha, do demônio Vishanga pela *shakti* Mantrini.

76. Om viśukra prāṇa haraṇa vārāhī vīrya nanditāyai namaḥ

...... a Ela que fica satisfeita com a destreza de Varahi, que tirou a vida de Vishukra.

77. Om kāmeśvara mukhāloka kalpita śrī gaṇeśvarāyai namaḥ

...a Ela que dá vida a Ganesha, por meio de um olhar para o rosto de Kameshvara.

78. Om mahā gaṇeśa nirbhinna vighna yantra praharṣitāyai namaḥ

...a Ela que se alegra quando Ganesha destrói todos os obstáculos.

79. Om bhaṇḍāsurendra nirmukta śastra pratyastra varṣiṇyai namaḥ
...a Ela que lança uma chuva de armas de contra-ataque a cada arma disparada por Bhandasura.

80. Om karāṅguli nakhotpanna nārāyaṇa daśākṛtyai namaḥ
...a Ela que criou com as unhas todas as dez encarnações de Narayana (Vishnu).

81. Om mahā pāśupatāstrāgni nirdagdhāsura sainikāyai namaḥ
...a Ela que queimou os exércitos de demônios no fogo do míssil, Mahapashupata.

82. Om kāmeśvarāstra nirdagdha sabhaṇḍāsura śūnyakāyai namaḥ
...a Ela que queimou e destruiu Bhandasura e sua capital Shunyaka, com o poderoso míssil de Kameshwara.

83. Om brahmopendra mahendrādi deva saṁstuta vaibhavāyai namaḥ
...a Ela cujos muitos poderes são exaltados por Brahma, Vishnu, Shiva e outros deuses.

84. Om hara netrāgni sandagdha kāma sañjīvanauṣadhyai namaḥ

...a Ela que se tornou o remédio que reviveu Kamadeva (o deus do amor), que havia sido reduzido a cinzas pelo fogo dos olhos de Shiva.

85. Om śrīmad vāgbhava kūṭaika svarūpa mukha paṅkajāyai namaḥ

...a Ela cuja face de lótus é o auspicioso *vagbhavakuta* (grupo de sílabas do mantra *pancadasakshari*).

86. Om kaṇṭhādhaḥ kaṭi paryanta madhya kūṭa svarūpiṇyai namaḥ

...a Ela que desde o pescoço até a cintura tem a forma do *madhyakuta* (as seis sílabas do meio do mantra *panchadasaksari*).

87. Om śakti kūṭaikatāpanna kaṭyadhobhāga dhāriṇyai namaḥ

...a Ela cuja forma abaixo da cintura é o *saktikuta* (as últimas quatro sílabas do mantra *pancadasaksari*).

88. Om mūla mantrātmikāyai namaḥ

...a Ela que é a personificação do *mulamantra* (o mantra *panchadasakshari*).

89. Om mūla kūṭa traya kalebarāyai namaḥ
...a Ela cujo corpo sutil é composto pelas três partes do mantra *panchadasakshari*.

90. Om kulāmṛtaika rasikāyai namaḥ
...a Ela que aprecia particularmente o néctar conhecido como *kula*.

91. Om kula saṅketa pālinyai namaḥ
...a Ela que protege o código de rituais do caminho da *yoga* conhecido como *Kula*.

92. Om kulāṅganāyai namaḥ
...a Ela que é bem-nascida (que é de boa família).

93. Om kulāntasthāyai namaḥ
...a Ela que reside em *Kulavidya*.

94. Om kaulinyai namaḥ
...a Ela que pertence à Kula.

95. Om kula yoginyai namaḥ
...a Ela que é a deidade presente nas Kulas.

Saudações à Mãe Divina

96. Om akulāyai namaḥ

...a Ela que não tem uma família.

97. Om samayāntasthāyai namaḥ

...a Ela que reside no interior de *samaya* (culto mental)

98. Om samayācāra tatparāyai namaḥ

...a Ela que é apegada à forma *samaya* de culto.

99. Om mūlādhāraika nilayāyai namaḥ

...a Ela cuja principal morada é o chacra *Muladhara*.

100. Om brahma granthi vibhedinyai namaḥ

...a Ela que rompe o nó de Brahma.

101. Om maṇipūrāntar uditāyai namaḥ

...a Ela que emerge no *chakra Manipura*.

102. Om viṣṇu granthi vibhedinyai namaḥ

...a Ela que rompe o nó de Vishnu.

103. Om ājñā cakrāntarālasthāyai namaḥ

...a Ela que reside no centro do *chakra Ajña*.

104. Om rudra granthi vibhedinyai namaḥ

...a Ela que rompe o nó de Shiva.

105. Om sahasrārāmbujārūḍhāyai namaḥ

...a Ela que ascende ao lótus de mil pétalas.

106. Om sudhā sārābhi varṣiṇyai namaḥ

...a Ela que transborda rios de ambrosia.

107. Om taḍil latā sama rucyai namaḥ

...a Ela que é tão bela quanto o clarão de um relâmpago.

108. Om ṣaṭ cakropari saṁsthitāyai namaḥ

...a Ela que reside acima dos seis chakras.

109. Om mahā saktyai namaḥ

...a Ela que é muito apegada à união festiva de Shiva e Shakti.

Saudações à Mãe Divina

110. Om kuṇḍalinyai namaḥ

...a Ela que tem a forma de uma espiral.

111. Om bisa tantu tanīyasyai namaḥ

...a Ela que é fina e delicada como a fibra do lótus.

112. Om bhavānyai namaḥ

...a Ela que é a esposa de Shiva.

113. Om bhāvanāgamyāyai namaḥ

...a Ela que é inalcançável através da imaginação ou do pensamento.

114. Om bhavāraṇya kuṭhārikāyai namaḥ

...a Ela que é como um machado que limpa a selva do *samsara*.

115. Om bhadra priyāyai namaḥ

...a Ela que gosta de todas as coisas auspiciosas, que provê tudo que é propício.

116. Om bhadra mūrtaye namaḥ

...a Ela que personifica a auspiciosidade ou a benevolência.

117. Om bhakta saubhāgya dāyinyai namaḥ
...a Ela que concede prosperidade aos Seus devotos.

118. Om bhakti priyāyai namaḥ
...a Ela que aprecia a devoção.

119. Om bhakti gamyāyai namaḥ
...a Ela que só é alcançada através da devoção.

120. Om bhakti vaśyāyai namaḥ
...a Ela que é para ser alcançada pela devoção.

121. Om bhayāpahāyai namaḥ
...a Ela que dissipa o medo.

122. Om śāmbhavyai namaḥ
...a Ela que é a esposa de Shambo (Shiva).

123. Om śāradārādhyāyai namaḥ
...a Ela que é adorada por Sarada (Sarasvati, a deusa da fala).

Saudações à Mãe Divina

124. Om śarvāṇyai namaḥ

...a Ela que é a esposa de Sarva (Shiva).

125. Om śarma dāyinyai namaḥ

...a Ela que concede a felicidade.

126. Om śāṅkaryai namaḥ

...a Ela que proporciona felicidade.

127. Om śrīkaryai namaḥ

...a Ela que concede riquezas em abundância.

128. Om sādhvyai namaḥ

...a Ela que é casta.

129. Om śarac candra nibhānanāyai namaḥ

...a Ela cuja face brilha como a lua cheia no límpido céu de outono.

130. Om śātodaryai namaḥ

...a Ela que tem a cintura fina.

131. Om śāntimatyai namaḥ

...a Ela que é pacífica.

132. Om nir ādhārāyai namaḥ

...a Ela que não tem dependência.

133. Om nir añjanāyai namaḥ

...a Ela que permanece desapegada, desvinculada.

134. Om nir lepāyai namaḥ

...a Ela que é livre de todas as impurezas decorrentes de ações.

135. Om nir malāyai namaḥ

...a Ela que é livre de todas as impurezas.

136. Om nityāyai namaḥ

...a Ela que é eterna.

137. Om nir ākārāyai namaḥ

...a Ela que não tem forma.

Saudações à Mãe Divina

138. Om nir ākulāyai namaḥ

...a Ela que não tem agitação.

139. Om nir guṇāyai namaḥ

...a Ela que está além das três *gunas* da natureza (*sattva, rajas e tamas*).

140. Om niṣ kalāyai namaḥ

...a Ela que não tem partes.

141. Om śāntāyai namaḥ

...a Ela que é tranquila.

142. Om niṣ kāmāyai namaḥ

...a Ela que não tem desejo.

143. Om nir upaplavāyai namaḥ

...a Ela que é indestrutível.

144. Om nitya muktāyai namaḥ

...a Ela que é sempre livre de vínculos mundanos.

145. Om nir vikārāyai namaḥ
...a Ela que é imutável.

146. Om niṣ prapañcāyai namaḥ
...a Ela que não é deste universo.

147. Om nir āśrayāyai namaḥ
...a Ela que não depende de nada.

148. Om nitya śuddhāyai namaḥ
...a Ela que é eternamente pura.

149. Om nitya buddhāyai namaḥ
...a Ela que é sempre sábia.

150. Om nir avadyāyai namaḥ
...a Ela que é irrepreensível ou louvável.

151. Om nir antarāyai namaḥ
...a Ela que a tudo permeia.

Saudações à Mãe Divina

152. Om niṣ kāraṇāyai namaḥ
...a Ela que não tem causa.

153. Om niṣ kalaṅkāyai namaḥ
...a Ela que não tem defeitos.

154. Om nir upādhaye namaḥ
...a Ela que não é condicionada nem possui limitações.

155. Om nir īśvarāyai namaḥ
...a Ela que não tem superior ou protetor.

156. Om nīrāgāyai namaḥ
...a Ela que não tem desejo.

157. Om rāga mathanāyai namaḥ
...a Ela que destrói os desejos.

158. Om nir madāyai namaḥ
...a Ela que não tem orgulho.

159. Om mada nāśinyai namaḥ

...a Ela que destrói o orgulho.

160. Om niś cintāyai namaḥ

...a Ela que não tem ansiedade por nada.

161. Om nir ahaṅkārāyai namaḥ

...a Ela que não tem egoísmo (sem os conceitos de "eu" e "meu").

162. Om nir mohāyai namaḥ

...a Ela que é isenta de ilusão.

163. Om moha nāśinyai namaḥ

...a Ela que destrói a ilusão em Seus devotos.

164. Om nir mamāyai namaḥ

...a Ela que não tem interesse próprio em nada.

165. Om mamatā hantryai namaḥ

...a Ela que destrói o sentido de propriedade.

Saudações à Mãe Divina

166. Om niṣ pāpāyai namaḥ

...a Ela que é sem pecado.

167. Om pāpa nāśinyai namaḥ

...a Ela que destrói todos os pecados de Seus devotos.

168. Om niṣ krodhāyai namaḥ

...a Ela que é sem raiva.

169. Om krodha śamanyai namaḥ

...a Ela que destrói a raiva em Seus devotos.

170. Om nir lobhāyai namaḥ

...a Ela que é sem ganância.

171. Om lobha nāśinyai namaḥ

...a Ela que destrói a ganância em Seus devotos.

172. Om niḥ saṁśayāyai namaḥ

...a Ela que não tem dúvidas.

173. Om saṁśaya ghnyai namaḥ

...a Ela que destrói todas as dúvidas.

174. Om nir bhavāyai namaḥ

...a Ela que é sem origem.

175. Om bhava nāśinyai namaḥ

...a Ela que destrói o sofrimento do *samsara* (o ciclo de nascimento e morte).

176. Om nir vikalpāyai namaḥ

...a Ela que é livre de falsas imaginações.

177. Om nir ābādhāyai namaḥ

...a Ela a quem nada pode perturbar.

178. Om nir bhedāyai namaḥ

...a Ela que está além de toda diferença.

179. Om bheda nāśinyai namaḥ

...a Ela que remove de Seus devotos todo sentido de diferença nascido de *vasanas*.

Saudações à Mãe Divina

180. Om nir nāśāyai namaḥ
...a Ela que é imperecível.

181. Om mṛtyu mathanyai namaḥ
...a Ela que destrói a morte.

182. Om niṣ kriyāyai namaḥ
...a Ela que permanece sem ação.

183. Om niṣ parigrahāyai namaḥ
...a Ela que não adquire nem aceita nada.

184. Om nis tulāyai namaḥ
...a Ela que é incomparável, inigualável.

185. Om nīla cikurāyai namaḥ
...a Ela que tem cabelos negros e brilhantes.

186. Om nir apāyāyai namaḥ
...a Ela que é imperecível.

187. Om nir atyayāyai namaḥ
...a Ela que não pode ser desobedecida.

188. Om durlabhāyai namaḥ
...a Ela que é conquistada somente com muita dificuldade.

189. Om durgamāyai namaḥ
...a Ela que é acessada somente com um esforço extremo.

190. Om durgāyai namaḥ
...a Ela que é a Deusa Durga.

191. Om duḥkha hantryai namaḥ
...a Ela que é a destruidora do infortúnio.

192. Om sukha pradāyai namaḥ
...a Ela que dá a felicidade.

193. Om duṣṭa dūrāyai namaḥ
...a Ela que está distante dos perversos.

Saudações à Mãe Divina

194. Om durācāra śamanyai namaḥ

...a Ela que acaba com os maus costumes.

195. Om doṣa varjitāyai namaḥ

...a Ela que é isenta de qualquer falha.

196. Om sarvajñāyai namaḥ

...a Ela que é onisciente.

197. Om sāndra karuṇāyai namaḥ

...a Ela que mostra intensa compaixão.

198. Om samānādhika varjitāyai namaḥ

...a Ela que não tem igual nem superior.

199. Om sarva śakti mayyai namaḥ

...a Ela que possui todos os poderes divinos.

200. Om sarva maṅgalāyai namaḥ

...a Ela que é a fonte de tudo o que é auspicioso.

201. Om sad gati pradāyai namaḥ
...a Ela que conduz ao caminho correto.

202. Om sarveśvaryai namaḥ
...a Ela que governa todos os seres animados e inanimados.

203. Om sarva mayyai namaḥ
...a Ela que permeia todos os seres animados e inanimados.

204. Om sarva mantra svarūpiṇyai namaḥ
...a Ela que é a essência de todos os mantras.

205. Om sarva yantrātmikāyai namaḥ
...a Ela que é a alma de todos os yantras.

206. Om sarva tantra rūpāyai namaḥ
...a Ela que é a alma de todos os tantras.

207. Om manonmanyai namaḥ
...a Ela que é a *shakti* de Shiva.

Saudações à Mãe Divina

208. Om māheśvaryai namaḥ

...a Ela que é a esposa de Maheshvara.

209. Om mahā devyai namaḥ

...a Ela que tem o corpo imensurável.

210. Om mahā lakṣmyai namaḥ

...a Ela que é a grande Deusa Lakshmi.

211. Om mṛḍa priyāyai namaḥ

...a Ela que é a amada de Mrda (Shiva).

212. Om mahā rūpāyai namaḥ

...a Ela que tem uma bela forma.

213. Om mahā pūjyāyai namaḥ

...a Ela que é o mais grandioso objeto de adoração.

214. Om mahā pātaka nāśinyai namaḥ

...a Ela que destrói até o maior dos pecados.

215. Om mahā māyāyai namaḥ
...a Ela que é a Grande Ilusão.

216. Om mahā sattvāyai namaḥ
...a Ela que possui grande *sattva*.

217. Om mahā śaktyai namaḥ
...a Ela que tem grande poder (*shakti*).

218. Om mahā ratyai namaḥ
...a Ela cujo deleite é ilimitado.

219. Om mahā bhogāyai namaḥ
...a Ela que possui imensa riqueza.

220. Om mahaiśvaryāyai namaḥ
...a Ela que tem soberania suprema.

221. Om mahā vīryāyai namaḥ
...a Ela que é suprema em valentia.

Saudações à Mãe Divina

222. Om mahā balāyai namaḥ
...a Ela que é suprema em poder.

223. Om mahā buddhyai namaḥ
...a Ela que é suprema em inteligência.

224. Om mahā siddhyai namaḥ
...a Ela que é dotada para as mais elevadas realizações.

225. Om mahā yogeśvareśvaryai namaḥ
...a Ela que é objeto de adoração até dos maiores *yogis*.

226. Om mahā tantrāyai namaḥ
...a Ela que é o grande Tantra.

227. Om mahā mantrāyai namaḥ
...a Ela que é o mantra mais grandioso.

228. Om mahā yantrāyai namaḥ
...a Ela que tem a forma dos grandes *yantras*.

229. Om mahāsanāyai namaḥ
...a Ela que se senta em grandiosos assentos.

230. Om mahā yāga kramārādhyāyai namaḥ
...a Ela que é adorada pelo ritual de *mahayaga*.

231. Om mahā bhairava pūjitāyai namaḥ
...a Ela que é adorada até por Mahabhairava (Shiva).

232. Om maheśvara mahākalpa mahātāṇḍava sākṣiṇyai namaḥ
...a Ela que testemunhou a grande dança de Maheshvara (Shiva), no final do grande ciclo da criação.

233. Om mahā kāmeśa mahiṣyai namaḥ
...a Ela que é a grande rainha de Mahakameshvara.

234. Om mahā tripura sundaryai namaḥ
...a Ela que é a grande Tripurasundari.

235. Om catuḥ ṣaṣṭyupacārāḍhyāyai namaḥ
...a Ela que é adorada em sessenta e quatro cerimônias.

Saudações à Mãe Divina

236. Om catuḥ ṣaṣṭi kalā mayyai namaḥ

...a Ela que personifica as sessenta e quatro belas artes.

237. Om mahā catuḥ ṣaṣṭi koṭi yoginī gaṇa sevitāyai namaḥ

...a Ela que é atendida por seiscentos e quarenta milhões de *yoginis*.

238. Om manu vidyāyai namaḥ

...a Ela que é a personificação de Manuvidya.

239. Om candra vidyāyai namaḥ

...a Ela que é a personificação de Candravidya.

240. Om candra maṇḍala madhyagāyai namaḥ

...a Ela que reside no centro de *chandramandala*, o disco lunar.

241. Om cāru rūpāyai namaḥ

...a Ela cuja beleza não aumenta nem diminui.

242. Om cāru hāsāyai namaḥ

...a Ela que tem um sorriso lindo.

243. Om cāru candra kalā dharāyai namaḥ
...a Ela que usa uma linda lua crescente, que não aumenta ou diminui.

244. Om carācara jagan nāthāyai namaḥ
...a Ela que governa os mundos animados e inanimados.

245. Om cakra rāja niketanāyai namaḥ
...a Ela que habita o *Sri Chakra*.

246. Om pārvatyai namaḥ
...a Ela que é a filha da Montanha (Himalaias).

247. Om padma nayanāyai namaḥ
...a Ela que tem olhos oblíquos e lindos como as pétalas da flor de lótus.

248. Om padma rāga sama prabhāyai namaḥ
...a Ela cuja tez vermelha resplandece como um rubi.

249. Om pañca pretāsanāsīnāyai namaḥ
...a Ela que se senta sobre um assento formado por cinco cadáveres.

Saudações à Mãe Divina

250. Om pañca brahma svarūpiṇyai namaḥ
...a Ela cuja forma é composta pelos cinco Brahmas.

251. Om cinmayyai namaḥ
...a Ela que é a própria consciência.

252. Om paramānandāyai namaḥ
...a Ela que é a felicidade suprema.

253. Om vijñāna ghana rūpiṇyai namaḥ
...a Ela que personifica a Inteligência sólida que a tudo permeia.

254. Om dhyāna dhyātṛ dhyeya rūpāyai namaḥ
...a Ela que brilha como a meditação, o meditador e o objeto da meditação.

255. Om dharmādharma vivarjitāyai namaḥ
...a Ela que transcende a ambos, virtude e vício.

256. Om viśva rūpāyai namaḥ
...a Ela que tem o universo inteiro como Sua forma.

257. Om jāgariṇyai namaḥ

...a Ela que assume a forma do *jiva* que está no estado desperto.

258. Om svapantyai namaḥ

...a Ela que assume a forma do *jiva* no estado de sonho.

259. Om taijasātmikāyai namaḥ

...a Ela que é a alma do *jiva* no estado de sonho

260. Om suptāyai namaḥ

...a Ela que assume a forma do jiva experienciando sono profundo.

261. Om prājñātmikāyai namaḥ

...a Ela que não está separada do *jiva* no estado de sono profundo.

262. Om turyāyai namaḥ

...a Ela que está no estado de *turya*, o quarto estado.

263. Om sarvāvasthā vivarjitāyai namaḥ

...a Ela que transcende todos os estados.

Saudações à Mãe Divina

264. Om sṛṣṭi kartryai namaḥ

...a Ela que é a Criadora.

265. Om brahma rūpāyai namaḥ

...a Ela cuja forma é a de Brahma para a criação do universo.

266. Om goptryai namaḥ

...a Ela que protege.

267. Om govinda rūpiṇyai namaḥ

...a Ela que é na forma de Govinda (Vishnu), para a preservação do universo.

268. Om saṁhāriṇyai namaḥ

...a Ela que é a destruidora do universo.

269. Om rudra rūpāyai namaḥ

...a Ela que é na forma de Rudra (Shiva), para a dissolução do universo.

270. Om tirodhāna karyai namaḥ

...a Ela que causa o desaparecimento das coisas.

271. Om īśvaryai namaḥ

...a Ela que a tudo protege e governa.

272. Om sadā śivāyai namaḥ

...a Ela que, como Sadashiva, sempre concede auspiciosidade.

273. Om anugraha dāyai namaḥ

...a Ela que concede bênção.

274. Om pañca kṛtya parāyaṇāyai namaḥ

...joa Ela que é devotada às cinco funções (mencionadas nos mantras acima).

275. Om bhānu maṇḍala madhyasthāyai namaḥ

...a Ela que habita no centro do disco solar.

276. Om bhairavyai namaḥ

...a Ela que é a esposa de Bhairava (Shiva).

277. Om bhaga mālinyai namaḥ

...a Ela que usa uma guirlanda feita das seis excelências.

Saudações à Mãe Divina

278. Om padmāsanāyai namaḥ
...a Ela que está sentada na flor de lótus.

279. Om bhagavatyai namaḥ
...a Ela que protege aqueles que A adoram.

280. Om padma nābha sahodaryai namaḥ
...a Ela que é a irmã de Vishnu (que tem umbigo de lótus).

281. Om unmeṣa nimiṣotpanna vipanna bhuvanāvalyai namaḥ
...a Ela que faz com que uma infinidade de mundos surja e desapareça com um abrir e fechar de olhos.

282. Om sahasra śīrṣa vadanāyai namaḥ
...a Ela que tem mil cabeças e faces.

283. Om sahasrākṣyai namaḥ
...a Ela que tem mil olhos.

284. Om sahasra pade namaḥ
...a Ela que tem mil pés.

285. Om ābrahma kīṭa jananyai namaḥ

...a Ela que é a mãe de tudo, desde Brahma até o menor dos insetos.

286. Om varṇāśrama vidhāyinyai namaḥ

...a Ela que estabeleceu a ordem da divisão social na vida.

287. Om nijājñā rūpa nigamāyai namaḥ

...a Ela cujos comandos tomam a forma dos Vedas.

288. Om puṇyāpuṇya phala pradāyai namaḥ

...a Ela que distribui os frutos tanto das boas quanto das más ações.

289. Om śruti sīmanta sindūrī kṛta pādābja dhūlikāyai namaḥ

...a Ela, cuja poeira dos pés forma as marcas avermelhadas na linha que reparte o cabelo das *devatas Sruti* (personificadas nos Vedas como deusas).

290. Om sakalāgama sandoha śukti sampuṭa mauktikāyai namaḥ

...a Ela que é a pérola dentro da concha que são todas as escrituras.

291. Om puruṣārtha pradāyai namaḥ

...a Ela que concede os (quatro aspectos) dos objetos da vida humana.

Saudações à Mãe Divina

292. Om pūrṇāyai namaḥ

...a Ela que é sempre completa, sem crescimento ou decadência.

293. Om bhoginyai namaḥ

...a Ela que desfruta.

294. Om bhuvaneśvaryai namaḥ

...a Ela que governa o universo.

295. Om ambikāyai namaḥ

...a Ela que é a Mãe do universo.

296. Om anādi nidhanāyai namaḥ

...a Ela que não tem começo nem fim.

297. Om hari brahmendra sevitāyai namaḥ

... a Ela que é assistida por Vishnu, Brahma e Indra.

298. Om nārāyaṇyai namaḥ

... a Ela que é a consorte feminina de Narayana.

299. Om nāda rūpāyai namaḥ
...a Ela que é da forma do som.

300. Om nāma rūpa vivarjitāyai namaḥ
...a Ela que não possui nome nem forma.

301. Om hrīṅ kāryai namaḥ
...a Ela que está na forma da sílaba *hrim*.

302. Om hrīmatyai namaḥ
...a Ela que é dotada de modéstia.

303. Om hṛdyāyai namaḥ
...a Ela que habita no coração.

304. Om heyopādeya varjitāyai namaḥ
...a Ela que não tem nada para rejeitar ou aceitar.

305. Om rāja rājārcitāyai namaḥ
...a Ela que é adorada pelo Rei dos reis.

Saudações à Mãe Divina

306. Om rājñyai namaḥ

...a Ela que é a rainha de Shiva, o Senhor de todos os reis.

307. Om ramyāyai namaḥ

...a Ela que agrada; a Ela que é amável.

308. Om rājīva locanāyai namaḥ

...a Ela cujos olhos são como *rajiva* (flor de lótus).

309. Om rañjinyai namaḥ

...a Ela que delicia a mente.

310. Om ramaṇyai namaḥ

...a Ela que dá alegria.

311. Om rasyāyai namaḥ

...a Ela que é para ser apreciada; a Ela, que aprecia.

312. Om raṇat kiṅkiṇi mekhalāyai namaḥ

...a Ela que usa um cinto com sinos que tilintam.

313. Om ramāyai namaḥ
...a Ela que se tornou Lakshmi e Sarasvati.

314. Om rākendu vadanāyai namaḥ
...a Ela que possui uma face tão encantadora quanto a da lua cheia.

315. Om rati rūpāyai namaḥ
...a Ela cuja forma é de Rati, a esposa de Kama.

316. Om rati priyāyai namaḥ
...a Ela que gosta de Rati; a Ela, que é servida por Rati.

317. Om rakṣā karyai namaḥ
...a Ela que é a protetora.

318. Om rākṣasa ghnyai namaḥ
...a Ela que destrói toda a raça de demônios.

319. Om rāmāyai namaḥ
...a Ela que encanta.

Saudações à Mãe Divina

320. Om ramaṇa lampaṭāyai namaḥ

...a Ela que é devotada ao Senhor de Seu coração, o Senhor Shiva.

321. Om kāmyāyai namaḥ

...a Ela, que é para ser desejada.

322. Om kāma kalā rūpāyai namaḥ

...a Ela que é da forma de Kamakala.

323. Om kadamba kusuma priyāyai namaḥ

...a Ela que aprecia particularmente as flores de Kadamba.

324. Om kalyāṇyai namaḥ

...a Ela, que concede auspiciosidade.

325. Om jagatī kandāyai namaḥ

...a Ela que é a raiz do mundo inteiro.

326. Om karuṇā rasa sāgarāyai namaḥ

...a Ela que é o oceano de compaixão.

327. Om kalāvatyai namaḥ
...a Ela que personifica todas as artes.

328. Om kalālāpāyai namaḥ
...a Ela que fala com musicalidade e doçura.

329. Om kāntāyai namaḥ
...a Ela que é linda.

330. Om kādambarī priyāyai namaḥ
...a Ela que gosta do licor de kadamba.

331. Om varadāyai namaḥ
...a Ela que concede benefícios com generosidade.

332. Om vāma nayanāyai namaḥ
...a Ela que tem olhos lindos.

333. Om vāruṇī mada vihvalāyai namaḥ
...a Ela que é intoxicada por *varuni*.

Saudações à Mãe Divina

334. Om viśvādhikāyai namaḥ
...a Ela que transcende o universo.

335. Om veda vedyāyai namaḥ
...a Ela que é conhecida através dos Vedas.

336. Om vindhyācala nivāsinyai namaḥ
...a Ela que reside nas montanhas Vindhya.

337. Om vidhātryai namaḥ
...a Ela que cria e sustenta este universo.

338. Om veda jananyai namaḥ
...a Ela que é a Mãe dos Vedas.

339. Om viṣṇu māyāyai namaḥ
...a Ela que é o poder ilusório de Vishnu.

340. Om vilāsinyai namaḥ
...a Ela que é brincalhona.

341. Om kṣetra svarūpāyai namaḥ
...a Ela cujo corpo é matéria.

342. Om kṣetreśyai namaḥ
...a Ela que é a esposa de Shiva, o Senhor da matéria e do corpo de todos os seres.

343. Om kṣetra kṣetrajña pālinyai namaḥ
...a Ela que é protetora do corpo e da alma.

344. Om kṣaya vṛddhi vinirmuktāyai namaḥ
...a Ela que é isenta de crescimento e decadência.

345. Om kṣetra pāla samarcitāyai namaḥ
...a Ela que é adorada por *Ksetrapala*.

346. Om vijayāyai namaḥ
...a Ela que é sempre vitoriosa.

347. Om vimalāyai namaḥ
...a Ela que é sem traço de impureza.

Saudações à Mãe Divina

348. Om vandyāyai namaḥ

...a Ela que é adorável, digna de ser cultuada.

349. Om vandāru jana vatsalāyai namaḥ

...a Ela que é repleta de amor maternal por aqueles que A adoram.

350. Om vāg vādinyai namaḥ

...a Ela que fala.

351. Om vāma keśyai namaḥ

...a Ela que tem cabelos lindos.

352. Om vahni maṇḍala vāsinyai namaḥ

...a Ela que reside no disco de fogo.

353. Om bhaktimat kalpa latikāyai namaḥ

...a Ela que é a planta *kalpa* (que concede desejos) a Seus devotos.

354. Om paśu pāśa vimocinyai namaḥ

...a Ela que liberta o ignorante da escravidão.

355. Om saṁhṛtāśeṣa pāṣaṇḍāyai namaḥ

...a Ela que destrói todos os hereges.

356. Om sadācāra pravartikāyai namaḥ

...a Ela que está imersa e inspira outros a segui-la na conduta correta.

357. Om tāpa trayāgni santapta samāhlādana candrikāyai namaḥ

...a Ela que é o luar que dá alegria àqueles que foram queimados pelo triplo fogo da infelicidade.

358. Om taruṇyai namaḥ

...a Ela que é sempre jovem.

359. Om tāpasārādhyāyai namaḥ

...a Ela que é adorada pelos ascetas.

360. Om tanu madhyāyai namaḥ

...a Ela que tem a cintura fina.

361. Om tamopahāyai namaḥ

...a Ela que remove a ignorância nascida de *tamas*.

Saudações à Mãe Divina

362. Om cityai namaḥ

...a Ela que é da forma da inteligência pura.

363. Om tat pada lakṣyārthāyai namaḥ

...a Ela que personifica a Verdade ("Tat").

364. Om cid eka rasa rūpiṇyai namaḥ

...a Ela cuja natureza é de inteligência pura, a Ela que é a causa do conhecimento.

365. Om svātmānandalavī bhūta brahmādyānanda santatyai namaḥ

...a Ela que faz com que a beatitude de Brahma e de outros seja insignificante comparada à Sua própria beatitude.

366. Om parāyai namaḥ

...a Ela que é a Suprema; Ela que transcende a todos.

367. Om pratyak citī rūpāyai namaḥ

...a Ela que é da natureza da consciência imanifesta ou de Brahman imanifesto.

368. Om paśyantyai namaḥ

...a Ela que é pasyanti, a sutileza da palavra.

369. Om para devatāyai namaḥ
...a Ela que é a divindade suprema, Parashakti.

370. Om madhyamāyai namaḥ
...a Ela que fica no meio.

371. Om vaikharī rūpāyai namaḥ
...a Ela que está na forma de vaikhari.

372. Om bhakta mānasa haṁsikāyai namaḥ
...a Ela que é o cisne na mente de Seus devotos.

373. Om kāmeśvara prāṇa nāḍyai namaḥ
...a Ela que é a própria vida de Kameshvara, Seu consorte.

374. Om kṛtajñāyai namaḥ
...a Ela que conhece todas as nossas ações à medida que ocorrem.

375. Om kāma pūjitāyai namaḥ
...a Ela que é adorada por Kama.

Saudações à Mãe Divina

376. Om śṛṅgāra rasa sampūrṇāyai namaḥ

...a Ela que é repleta da essência do amor.

377. Om jayāyai namaḥ

...a Ela que é vitoriosa sempre e em qualquer lugar.

378. Om jālandhara sthitāyai namaḥ

...a Ela que reside no *pitha* Jalandhara (*chacra Vishuddhi*).

379. Om oḍyāṇa pīṭha nilayāyai namaḥ

...a Ela cuja moradia é o centro *Odyana* (*chacra Ajna*).

380. Om bindu maṇḍala vāsinyai namaḥ

...a Ela que reside na *mandala bindu*.

381. Om raho yāga kramārādhyāyai namaḥ

...a Ela que é adorada em segredo através de ritos sacrificiais.

382. Om rahas tarpaṇa tarpitāyai namaḥ

...a Ela que é para ser agradada através de ritos secretos de adoração.

383. Om sadyaḥ prasādinyai namaḥ
...a Ela que concede Sua graça de imediato.

384. Om viśva sākṣiṇyai namaḥ
...a Ela que é a testemunha do universo inteiro.

385. Om sākṣi varjitāyai namaḥ
...a Ela que não tem nenhuma outra testemunha.

386. Om ṣaḍ aṅga devatā yuktāyai namaḥ
...a Ela que é acompanhada pelas deidades das seis partes.

387. Om ṣāḍ guṇya pari pūritāyai namaḥ
...a Ela que é plenamente dotada das seis qualidades boas.

388. Om nitya klinnāyai namaḥ
...a Ela que é sempre compassiva.

389. Om nirupamāyai namaḥ
...a Ela que é incomparável.

Saudações à Mãe Divina

390. Om nirvāṇa sukha dāyinyai namaḥ

...a Ela que concede a bem-aventurança da Libertação.

391. Om nityā ṣoḍaśikā rūpāyai namaḥ

...a Ela cuja forma é a das dezesseis deidades diárias.

392. Om śrīkaṇṭhārdha śarīriṇyai namaḥ

...a Ela que possui metade do corpo de Srikantha (Shiva), a Ela que é da forma de ardhanarishvara (deus metade homem, metade mulher).

393. Om prabhāvatyai namaḥ

...a Ela que é radiante.

394. Om prabhā rūpāyai namaḥ

...a Ela que é o resplendor.

395. Om prasiddhāyai namaḥ

...a Ela que é celebrada.

396. Om parameśvaryai namaḥ

...a Ela que é a soberana suprema.

397. Om mūla prakṛtyai namaḥ
...a Ela que é a causa primária de todo o universo.

398. Om avyaktāyai namaḥ
...a Ela que é imanifesta.

399. Om vyaktāvyakta svarūpiṇyai namaḥ
...a Ela cujas formas são manifestas e imanifestas.

400. Om vyāpinyai namaḥ
...a Ela que a tudo permeia.

401. Om vividhākārāyai namaḥ
...a Ela que tem uma multiplicidade de formas.

402. Om vidyāvidyā svarūpiṇyai namaḥ
...a Ela que é a forma tanto do conhecimento quanto da ignorância.

403. Om mahā kāmeśa nayana kumudāhlāda kaumudyai namaḥ
...a Ela que é o luar que alegra os lírios aquáticos, que são os olhos de Mahakamesha.

Saudações à Mãe Divina

404. Om bhakta hārda tamo bheda bhānumad bhānu santatyai namaḥ

...a Ela que é o raio de sol que dissipa a escuridão do coração de Seus devotos.

405. Om śiva dūtyai namaḥ

...a Ela cujo mensageiro é Shiva.

406. Om śivārādhyāyai namaḥ

...a Ela que é adorada por Shiva.

407. Om śiva mūrtyai namaḥ

...a Ela cuja forma é o próprio Shiva.

408. Om śivaṅkaryai namaḥ

...a Ela que concede prosperidade (auspiciosidade, felicidade), a Ela que transforma Seu devoto em Shiva.

409. Om śiva priyāyai namaḥ

...a Ela que é a amada de Shiva.

410. Om śiva parāyai namaḥ
...a Ela que é devotada somente a Shiva.

411. Om śiṣṭeṣṭāyai namaḥ
...a Ela que é amada pelos justos, a Ela que ama as pessoas justas.

412. Om śiṣṭa pūjitāyai namaḥ
...a Ela que é sempre adorada pelos justos.

413. Om aprameyāyai namaḥ
...a Ela que é imensurável pelos sentidos.

414. Om svaprakāśāyai namaḥ
...a Ela que é tem luz própria.

415. Om mano vācām agocarāyai namaḥ
...a Ela que fica além do alcance da mente e da fala.

416. Om cicchaktyai namaḥ
...a Ela que é o poder da consciência.

417. Om cetanā rūpāyai namaḥ
...a Ela que é consciência pura.

418. Om jaḍa śaktyai namaḥ
...a Ela que é a Maya que transformou a si mesma como o poder de criação.

419. Om jaḍātmikāyai namaḥ
...a Ela que é da forma do mundo inanimado.

420. Om gāyatryai namaḥ
...a Ela que é o *Gayatri mantra*.

421. Om vyāhṛtyai namaḥ
...A Ela que preside a fala.

Saudações à Mãe Divina

422. Om sandyāyai namaḥ

...a Ela que é da forma do crepúsculo.

423. Om dvija vṛnda niṣevitāyai namaḥ

...a Ela que é adorada pelos que nasceram duas vezes.

424. Om tattvāsanāyai namaḥ

...a Ela que tem *tattvas* como o Seu assento (*asana*), a Ela que reside em *tattva*.

425. Om tasmai namaḥ

...a Ela, a que "Aquilo" se refere, a Verdade Suprema, Brahman.

426. Om tubhyam namaḥ

...a Ela, a quem nos referimos como "a Senhora".

427. Om ayyai namaḥ

...a Querida.

428. Om pañca kośāntara sthitāyai namaḥ

...a Ela que reside dentro dos cinco invólucros.

429. Om niḥsīma mahimne namaḥ
...a Ela cuja glória é ilimitada.

430. Om nitya yauvanāyai namaḥ
...a Ela que é sempre jovial.

431. Om mada śālinyai namaḥ
...a Ela que brilha em um estado de embriaguez ou êxtase.

432. Om mada ghūrṇita raktākṣyai namaḥ
...a Ela cujos olhos ficam avermelhados, rolando em êxtase e introspecção.

433. Om mada pāṭala gaṇḍa bhuve namaḥ
...a Ela cuja face fica rosada quando em êxtase.

434. Om candana drava digdhāṅgyai namaḥ
...a Ela cujo corpo é untado com pasta de sândalo.

435. Om cāmpeya kusuma priyāyai namaḥ
...a Ela que aprecia particularmente as flores de *campaka*.

Saudações à Mãe Divina

436. Om kuśalāyai namaḥ

...a Ela que é habilidosa.

437. Om komalākārāyai namaḥ

...a Ela que é graciosa em forma.

438. Om kurukullāyai namaḥ

...a Ela que é a *shakti* Kurukulla.

439. Om kuleśvaryai namaḥ

...a Ela que governa Kula (tríade do conhecedor, do conhecimento e do conhecido).

440. Om kula kuṇḍālayāyai namaḥ

...a Ela que reside no Kulakunda (o *chacra* Muladhara).

441. Om kaula mārga tatpara sevitāyai namaḥ

...a Ela que é adorada pelos devotos da tradição Kaula.

442. Om kumāra gaṇanāthāmbāyai namaḥ

...a Ela que é a mãe de Kumara (Subrahmania) e Gananatha (Ganesha).

443. Om tuṣṭyai namaḥ
...a Ela que fica sempre contente.

444. Om puṣṭyai namaḥ
...a Ela que é o poder da nutrição.

445. Om matyai namaḥ
...a Ela que se manifesta como inteligência.

446. Om dhṛtyai namaḥ
...a Ela que é a fortaleza.

447. Om śāntyai namaḥ
...a Ela que é a própria tranquilidade.

448. Om svasti matyai namaḥ
...a Ela que é a Verdade Suprema.

449. Om kāntyai namaḥ
...a Ela que é esplendor.

Saudações à Mãe Divina

450. Om nandinyai namaḥ

...a Ela que encanta.

451. Om vighna nāśinyai namaḥ

...a Ela que destrói todos os obstáculos.

452. Om tejovatyai namaḥ

...a Ela que é resplandecente.

453. Om tri nayanāyai namaḥ

...a Ela que tem o sol, a lua e o fogo como Seus três olhos.

454. Om lolākṣī kāma rūpiṇyai namaḥ

...a Ela que é da forma do amor nas mulheres.

455. Om mālinyai namaḥ

...a Ela que usa guirlandas.

456. Om haṁsinyai namaḥ

...a Ela que não está separada dos *hamsas* (*iogues* que atingiram estados espirituais elevados).

457. Om mātre namaḥ
...a Ela que é a Mãe do universo.

458. Om malayācala vāsinyai namaḥ
...a Ela que reside na montanha Malaya.

459. Om sumukhyai namaḥ
...a Ela que tem um lindo rosto.

460. Om nalinyai namaḥ
...a Ela cujo corpo é macio e bonito como pétalas de lótus.

461. Om subhruve namaḥ
...a Ela que tem lindas sobrancelhas.

462. Om śobhanāyai namaḥ
...a Ela que está sempre radiante.

463. Om suranāyikāyai namaḥ
...a Ela que é a líder dos deuses.

Saudações à Mãe Divina

464. Om kālakaṇṭhyai namaḥ

...a Ela que é a esposa de Shiva, que tem a garganta escura.

465. Om kānti matyai namaḥ

...a Ela que é radiante.

466. Om kṣobhiṇyai namaḥ

...a Ela que transtorna a mente.

467. Om sūkṣma rūpiṇyai namaḥ

...a Ela que possui uma forma que é sutil demais para ser percebida pelos órgãos dos sentidos.

468. Om vajreśvaryai namaḥ

...a Ela que é Vajreshvari, a sexta deidade diária.

469. Om vāma devyai namaḥ

...a Ela que é a esposa de Vamadeva (Shiva).

470. Om vayovasthā vivarjitāyai namaḥ

...a Ela que é isenta de mudanças devido à idade.

471. Om siddheśvaryai namaḥ

...a Ela que é a deusa cultuada por adeptos espirituais.

472. Om siddha vidyāyai namaḥ

...a Ela que é da forma de Siddhavidya, o mantra de quinze sílabas.

473. Om siddha mātre namaḥ

...a Ela que é a mãe dos Siddhas.

474. Om yaśasvinyai namaḥ

...a Ela que é de fama inigualável.

475. Om viśuddhi cakra nilayāyai namaḥ

...a Ela que reside no chacra Vishuddhi.

476. Om ārakta varṇāyai namaḥ

...a Ela cuja pele tem um tom ligeiramente róseo.

477. Om tri locanāyai namaḥ

...a Ela que tem três olhos.

Saudações à Mãe Divina

478. Om khaṭvāṅgādi praharaṇāyai namaḥ

...a Ela que está armada com uma clava e com outras armas.

479. Om vadanaika samanvitāyai namaḥ

...a Ela que possui somente uma face.

480. Om pāyasānna priyāyai namaḥ

...a Ela que gosta particularmente de arroz doce.

481. Om tvaksthāyai namaḥ

...a Ela que é a deidade do órgão de toque (pele).

482. Om paśu loka bhayaṅkaryai namaḥ

...a Ela que amedronta os seres mortais presos à existência mundana.

483. Om amṛtādi mahāśakti saṁvṛtāyai namaḥ

...a Ela que é cercada por Amrita e outras deidades das *shaktis*.

484. Om ḍākinīśvaryai namaḥ

...a Ela que é a deidade Dakini (descrita nos nove nomes anteriores).

485. Om anāhatābja nilayāyai namaḥ
...a Ela que reside no lótus *anahata*, no coração.

486. Om śyāmābhāyai namaḥ
...a Ela que tem pele negra.

487. Om vadana dvayāyai namaḥ
...a Ela que tem duas faces.

488. Om daṁṣṭrojjvalāyai namaḥ
...a Ela que tem presas reluzentes.

489. Om akṣa mālādi dharāyai namaḥ
...a Ela que usa guirlandas de contas de rudraksha e outras coisas.

490. Om rudhira saṁsthitāyai namaḥ
...a Ela que governa o sangue nos corpos dos seres vivos.

491. Om kāla rātryādi śaktyaugha vṛtāyai namaḥ
...a Ela que é rodeada por Kalaratri e outras *shaktis*.

Saudações à Mãe Divina

492. Om snigdhaudana priyāyai namaḥ

...a Ela que aprecia oferendas de comidas que contenham *ghee*, óleo e outras gorduras.

493. Om mahā vīrendra varadāyai namaḥ

...a Ela que concede bênçãos aos grandes guerreiros.

494. Om rākiṇyambā svarūpiṇyai namaḥ

...a Ela que é da forma da deidade Rakini (descrita nos nove nomes anteriores).

495. Om maṇipūrābja nilayāyai namaḥ

...a Ela que reside no lótus de dez pétalas no chacra Manipura.

496. Om vadana traya samyutāyai namaḥ

...a Ela que possui três faces.

497. Om vajrādikāyudhopetāyai namaḥ

...a Ela que segura o *vajra* (relâmpago) e outras armas.

498. Om ḍāmaryādibhir āvṛtāyai namaḥ

...a Ela que é cercada por Damari e outras deidades assistentes.

499. Om rakta varṇāyai namaḥ
...a Ela que tem a pele rosada.

500. Om māṁsa niṣṭhāyai namaḥ
...a Ela que governa a carne nos seres vivos.

501. Om guḍānna prīta mānasāyai namaḥ
...a Ela que gosta de arroz doce feito com açúcar mascavo.

502. Om samasta bhakta sukhadāyai namaḥ
...a Ela que concede felicidade a todos os Seus devotos.

503. Om lākinyambā svarūpiṇyai namaḥ
...a Ela que é da forma da *yogini* Lakini descrita nos mantras anteriores.

504. Om svādhiṣṭhānāmbuja gatāyai namaḥ
...a Ela que reside no lótus de seis pétalas, no *chacra* Svadhisthana.

505. Om catur vaktra manoharāyai namaḥ
...a Ela que possui quatro belas faces.

Saudações à Mãe Divina

506. Om śūlādyāyudha sampannāyai namaḥ

...a Ela que possui o tridente e outras armas.

507. Om pīta varṇāyai namaḥ

...a Ela que é de cor amarela.

508. Om ati garvitāyai namaḥ

...a Ela que tem muito orgulho (de Suas armas e de Sua beleza cativante).

509. Om medo niṣṭhāyai namaḥ

...a Ela que reside na gordura dos seres vivos.

510. Om madhu prītāyai namaḥ

...a Ela que gosta de mel e de outras oferendas feitas com mel.

511. Om bandhinyādi samanvitāyai namaḥ

...a Ela que é acompanhada por Bandini e outras *shaktis*.

512. Om dadhyannāsakta hṛdayāyai namaḥ

...a Ela que gosta particularmente de oferendas feitas com coalhada.

513. Om kākinī rūpa dhāriṇyai namaḥ
...a Ela que é da forma da *yogini* Kakini, descrita nos dez nomes anteriores.

514. Om mūlādhārāmbujārūḍhāyai namaḥ
...a Ela que reside no lótus do chacra Muladhara.

515. Om pañca vaktrāyai namaḥ
...a Ela que tem cinco faces.

516. Om asthi saṁsthitāyai namaḥ
...a Ela que reside nos ossos.

517. Om aṅkuśādi praharaṇāyai namaḥ
...a Ela que segura o aguilhão e outras armas.

518. Om varadādi niṣevitāyai namaḥ
...a Ela que é atendida por Varada e outras *shaktis*.

519. Om mudgaudanāsakta cittāyai namaḥ
...a Ela que aprecia particularmente as oferendas feitas com *mung* (tipo de lentilha).

Saudações à Mãe Divina

520. Om sākinyambā svarūpiṇyai namaḥ

...a Ela que é da forma da Mãe Sakini, descrita nos seis nomes anteriores.

521. Om ājñā cakrābja nilayāyai namaḥ

...a Ela que reside no lótus de duas pétalas, no chacra Ajna.

522. Om śukla varṇāyai namaḥ

...a Ela que é branca.

523. Om ṣaḍ ānanāyai namaḥ

...a Ela que tem seis faces.

524. Om majjā saṁsthāyai namaḥ

... a Ela que é a deidade que preside a medula óssea.

525. Om haṁsa vatī mukhya śakti samanvitāyai namaḥ

...a Ela que é acompanhada pelas *shaktis* Hamsavati e Ksamavati.

526. Om haridrānnaika rasikāyai namaḥ

...a Ela que gosta de comida temperada com cúrcuma.

527. Om hākinī rūpa dhāriṇyai namaḥ
...a Ela que está na forma da Devi Hakini (descrita nos seis nomes anteriores).

528. Om sahasra dala padmasthāyai namaḥ
...a Ela que reside no lótus de mil pétalas.

529. Om sarva varṇopaśobhitāyai namaḥ
...a Ela que é radiante em muitas cores.

530. Om sarvāyudha dharāyai namaḥ
...a Ela que detém todas as armas conhecidas.

531. Om śukla saṁsthitāyai namaḥ
...a Ela que reside no sêmen.

532. Om sarvatomukhyai namaḥ
...a Ela que possui faces voltadas em todas as direções.

533. Om sarvaudana prīta cittāyai namaḥ
...a Ela que se satisfaz com todas as oferendas de comida.

Saudações à Mãe Divina

534. Om yākinyambā svarūpiṇyai namaḥ

...a Ela que é da forma da *yogini* Yakini, descrita nos seis mantras anteriores.

535. Om svāhāyai namaḥ

...a Ela que é o objeto da invocação *svaha* no final dos *mantras* recitados, enquanto se oferecem oblações ao fogo nas cerimônias *yagas*.

536. Om svadhāyai namaḥ

...a Ela que é o objeto da invocação "*svadha*" no final dos *mantras*.

537. Om amatyai namaḥ

...a Ela que está da forma do inconsciente.

538. Om medhāyai namaḥ

...a Ela que está na forma da sabedoria (conhecimento).

539. Om śrutyai namaḥ

...a Ela que está na forma dos Vedas.

540. Om smṛtyai namaḥ

...a Ela que está na forma de *smrti* (escrituras tradicionais).

541. Om anuttamāyai namaḥ

...a Ela que é a melhor, a Ela que é insuperável.

542. Om puṇya kīrtyai namaḥ

...a Ela cuja fama é sagrada ou justa.

543. Om puṇya labhyāyai namaḥ

...a Ela que só é alcançada por almas justas.

544. Om puṇya śravaṇa kīrtanāyai namaḥ

...a Ela que concede mérito a quem ouve falar Dela e A glorifica.

545. Om pulomajārcitāyai namaḥ

...a Ela que é cultuada por Pulomaja (a esposa de Indra).

546. Om bandha mocinyai namaḥ

...a Ela que é livre de amarras; a Ela que liberta da escravidão.

547. Om barbarālakāyai namaḥ

...a Ela que tem cabelos cacheados.

Saudações à Mãe Divina

548. Om vimarśa rūpiṇyai namaḥ

...a Ela que é da forma de Vimarsa (a vibração primordial).

549. Om vidyāyai namaḥ

...a Ela que é o conhecimento.

550. Om viyadādi jagat prasuve namaḥ

...a Ela que é a Mãe do universo, formado pelo éter e pelos demais elementos.

551. Om sarva vyādhi praśamanyai namaḥ

...a Ela que remove todas as doenças e tristezas.

552. Om sarva mṛtyu nivāriṇyai namaḥ

...a Ela que protege Seus devotos de todos os tipos de morte.

553. Om agra gaṇyāyai namaḥ

...a Ela que é para ser considerada a primordial.

554. Om acintya rūpāyai namaḥ

...a Ela cuja forma está além do alcance do pensamento.

555. Om kali kalmaṣa nāśinyai namaḥ
...a Ela que é a destruidora dos pecados da era de Kali.

556. Om kātyāyanyai namaḥ
...a Ela que é a filha de um sábio chamado Kata.

557. Om kāla hantryai namaḥ
...a Ela que é a destruidora do morte.

558. Om kamalākṣa niṣevitāyai namaḥ
...a Ela, em quem Vishnu se refugia.

559. Om tāmbūla pūrita mukhyai namaḥ
...a Ela cuja boca está cheia por mascar bétel.

560. Om dāḍimī kusuma prabhāyai namaḥ
...a Ela que brilha como uma flor de romã.

561. Om mṛgākṣyai namaḥ
...a Ela cujos olhos são longos e lindos como os de uma corça.

Saudações à Mãe Divina

562. Om mohinyai namaḥ

...a Ela que é encantadora.

563. Om mukhyāyai namaḥ

...a Ela que é a primeira.

564. Om mṛḍānyai namaḥ

... a Ela que é a esposa de Mrida (Shiva).

565. Om mitra rūpiṇyai namaḥ

...a Ela que é a amiga de todos, a amiga do universo.

566. Om nitya tṛptāyai namaḥ

...a Ela que é eternamente contente.

567. Om bhakta nidhaye namaḥ

...a Ela que é o tesouro dos devotos.

568. Om niyantryai namaḥ

...a Ela que controla e guia todos os seres pelo caminho correto.

569. Om nikhileśvaryai namaḥ
...a Ela, que é a governante de tudo.

570. Om maitryādi vāsanā labhyāyai namaḥ
...a Ela que é para ser alcançada através do amor e outras boas tendências.

571. Om mahā pralaya sākṣiṇyai namaḥ
...a Ela que é a testemunha da Grande Dissolução.

572. Om parāśaktyai namaḥ
...a Ela que é o Poder Supremo Original.

573. Om parā niṣṭhāyai namaḥ
...a Ela que é o Fim Supremo, a morada suprema.

574. Om prajñāna ghana rūpiṇyai namaḥ
...a Ela que é puro conhecimento condensado.

575. Om mādhvī pānālasāyai namaḥ
...a Ela, que fica lânguida ao beber vinho; a Ela que não anseia por nada.

Saudações à Mãe Divina

576. Om mattāyai namaḥ
...a Ela que está embriagada.

577. Oṁ mātṛkā varṇa rūpiṇyai namaḥ
...a Ela que é da forma das letras do alfabeto.

578. Om mahā kailāsa nilayāyai namaḥ
...a Ela que reside na grande Kailasa.

579. Om mṛṇāla mṛdu dor latāyai namaḥ
...a Ela cujos braços são macios e frescos como o caule do lótus.

580. Om mahanīyāyai namaḥ
...a Ela que é adorável.

581. Om dayā mūrtyai namaḥ
...a Ela que é a personificação da compaixão.

582. Om mahā sāmrājya śālinyai namaḥ
...a Ela que controla o grande império dos três mundos.

583. Om ātma vidyāyai namaḥ
...a Ela que é o conhecimento do Ser.

584. Om mahā vidyāyai namaḥ
...a Ela que é o assento do conhecimento Supremo, o conhecimento do Ser.

585. Om śrī vidyāyai namaḥ
...a Ela que é o conhecimento sagrado.

586. Om kāma sevitāyai namaḥ
...a Ela que é adorada por Kamadeva.

587. Om śrī ṣoḍaśākṣarī vidyāyai namaḥ
...a Ela cujo mantra tem a forma de dezesseis sílabas.

588. Om trikūṭāyai namaḥ
...a Ela que está em três partes.

589. Om kāma koṭikāyai namaḥ
...a Ela de quem Kama (Shiva) constitui parte ou forma semelhante.

Saudações à Mãe Divina

590. Om kaṭākṣa kiṅkarī bhūta kamalā koṭi sevitāyai namaḥ

...a Ela que é assistida por milhões de Lakshmis que são subjugadas por Seu simples olhar.

591. Om śiraḥ sthitāyai namaḥ

... a Ela que reside na cabeça.

592. Om candra nibhāyai namaḥ

...a Ela que resplandece como a lua.

593. Om bhālasthāyai namaḥ

...a Ela que reside na testa entre as sobrancelhas.

594. Om indra dhanuḥ prabhāyai namaḥ

...a Ela que resplandece como o arco-íris.

595. Om hṛdayasthāyai namaḥ

...a Ela que reside no coração.

596. Om ravi prakhyāyai namaḥ
...a Ela que brilha com o brilho especial do sol.

597. Om trikoṇāntara dīpikāyai namaḥ
...a Ela que brilha como uma luz dentro do triângulo.

598. Om dākṣāyaṇyai namaḥ
...a Ela que é Satidevi, a filha de Daksha Prajapati.

599. Om daitya hantryai namaḥ
...a Ela que é a destruidora de demônios.

600. Om dakṣa yajña vināśinyai namaḥ
...a Ela que é a destruidora do yagna conduzido por Daksha.

601. Om darāndolita dīrghākṣyai namaḥ
...a Ela que tem olhos longos e trêmulos.

602. Om dara hāsojjvalan mukhyai namaḥ
...a Ela cuja face é radiante com um sorriso.

Saudações à Mãe Divina

603. Om guru mūrtaye namaḥ

...a Ela que assumiu a forma do Guru.

604. Om guṇa nidhaye namaḥ

...a Ela que é a casa do tesouro das boas qualidades.

605. Om go mātre namaḥ

...a Ela que se tornou Surabhi, a vaca que concede todos os desejos.

606. Om guha janma bhuve namaḥ

...a Ela que é a Mãe de Guha (Subrahmanya).

607. Om deveśyai namaḥ

...a Ela que é a protetora dos deuses.

608. Om daṇḍa nītisthāyai namaḥ

...a Ela que mantém as regras da justiça sem o menor erro.

609. Om daharākāśa rūpiṇyai namaḥ

...a Ela que é o Ser sutil no coração.

610. Om pratipan mukhya rākānta tithi maṇḍala pūjitāyai namaḥ

...a Ela que é adorada diariamente, começando em *pratipad* (primeiro dia da quinzena lunar), e terminando com a lua cheia.

611. Om kalātmikāyai namaḥ

...a Ela que é da forma das artes.

612. Om kalā nāthāyai namaḥ

...a Ela que é a senhora de todas as artes.

613. Om kāvyālāpa vinodinyai namaḥ

...a Ela que se deleita ao ouvir poesia.

614. Om sacāmara ramā vāṇī savya dakṣiṇa sevitāyai namaḥ

...a Ela que é assistida por Lakshmi pelo lado esquerdo, e por Saraswati pelo lado direito, carregando leques cerimoniais.

615. Om ādiśaktyai namaḥ

...a Ela que é o Poder Primordial, a Parashakti que é a causa do universo.

616. Om ameyāyai namaḥ

...a Ela que não é mensurável por nenhum meio.

Saudações à Mãe Divina

617. Om ātmane namaḥ
...a Ela que é o Ser em tudo.

618. Om paramāyai namaḥ
...a Ela que é a Suprema.

619. Om pāvanākṛtaye namaḥ
...a Ela que é a forma sagrada.

620. Om aneka koṭi brahmāṇḍa jananyai namaḥ
...a Ela que é a criadora de muitos milhões de mundos.

621. Om divya vigrahāyai namaḥ
...a Ela que tem um corpo divino.

622. Om klīṅkāryai namaḥ
...a Ela que é a criadora da sílaba *klim*.

623. Om kevalāyai namaḥ
...a Ela que é Absoluta, pois Ela é completa, independente e sem nenhum atributo.

624. Om guhyāyai namaḥ
...a Ela que é para ser conhecida em segredo.

625. Om kaivalya pada dāyinyai namaḥ
...a Ela que concede a Libertação.

626. Om tripurāyai namaḥ
...a Ela que é mais velha que os Três.

627. Om trijagad vandyāyai namaḥ
...a Ela que é adorada pelos habitantes de todos os mundos.

628. Om tri mūrtyai namaḥ
...a Ela que é a Trindade (Brahma, Vishnu e Shiva).

629. Om tridaśeśvaryai namaḥ
...a Ela que é a governadora dos deuses.

630. Om tryakṣaryai namaḥ
...a Ela cuja forma consiste em três letras ou sílabas.

Saudações à Mãe Divina

631. Om divya gandhāḍhyāyai namaḥ
...a Ela que é ricamente dotada da fragrância divina.

632. Om sindūra tilakāñcitāyai namaḥ
...a Ela que brilha com uma marca vermelha brilhante em Sua testa.

633. Om umāyai namaḥ
...a Ela que é a Devi Parvati.

634. Om śailendra tanayāyai namaḥ
...a Ela que é a filha de Himavat, o Rei das Montanhas.

635. Om gauryai namaḥ
...a Ela que tem uma tez clara.

636. Om gandharva sevitāyai namaḥ
...a Ela que é servida pelos Gandharvas.

637. Om viśva garbhāyai namaḥ
...a Ela que contém todo o universo em Seu útero.

638. Om svarṇa garbhāyai namaḥ
...a Ela que é a causa do universo.

639. Om avaradāyai namaḥ
...a Ela que destrói o profano.

640. Om vāg adhīśvaryai namaḥ
...a Ela que preside o discurso.

641. Om dhyāna gamyāyai namaḥ
...a Ela que é para ser alcançada através da meditação.

642. Om apari cchedyāyai namaḥ
...a Ela cujos limites não podem ser determinados.

643. Om jñānadāyai namaḥ
...a Ela que concede o conhecimento do Ser.

644. Om jñāna vigrahāyai namaḥ
...a Ela que é a personificação do próprio Conhecimento.

Saudações à Mãe Divina

645. Om sarva vedānta saṁvedyāyai namaḥ

...a Ela que é conhecida por todo o Vedanta.

646. Om satyānanda svarūpiṇyai namaḥ

...a Ela cuja forma é Existência e Beatitude.

647. Om lopāmudrārcitāyai namaḥ

...a Ela que é adorada por Lopamudra, a esposa do sábio Agastya.

648. Om līlā kḷpta brahmāṇḍa maṇḍalāyai namaḥ

...a Ela que criou e manteve o universo apenas como um jogo.

649. Om adṛśyāyai namaḥ

...a Ela que não é percebida pelos órgãos dos sentidos.

650. Om dṛśya rahitāyai namaḥ

...a Ela que não tem nada para ver.

651. Om vijñātryai namaḥ

...a Ela que conhece a verdade do universo físico.

652. Om vedya varjitāyai namaḥ

...a Ela que não tem nada mais a conhecer.

653. Om yoginyai namaḥ

...a Ela que está constantemente unida a Parashiva; a Ela que possui o poder do *yoga*.

654. Om yogadāyai namaḥ

...a Ela que concede o poder do *yoga*.

655. Om yogyāyai namaḥ

...a Ela que merece o *yoga* (união) de todos os tipos.

656. Om yogānandāyai namaḥ

...a Ela que é a felicidade atingida através do *yoga*.

657. Om yugandharāyai namaḥ

...a Ela que é a portadora dos yugas.

658. Om icchā śakti jñāna śakti kriyā śakti svarūpiṇyai namaḥ

...a Ela que tem a forma dos poderes da vontade, do conhecimento e da ação.

Saudações à Mãe Divina

659. Om sarvādhārāyai namaḥ
...a Ela que é o suporte de tudo.

660. Om supratiṣṭhāyai namaḥ
...a Ela que é firmemente estabelecida.

661. Om sad asad rūpa dhāriṇyai namaḥ
...a Ela que assume tanto as formas do ser quanto as do não ser (sat e asat).

662. Om aṣṭa mūrtyai namaḥ
...a Ela que tem oito formas.

663. Om ajā jaitryai namaḥ
...a Ela que vence a ignorância.

664. Om loka yātrā vidhāyinyai namaḥ
...a Ela que controla a forma dos mundos.

665. Om ekākinyai namaḥ
...a Ela que é solitária.

666. Om bhūma rūpāyai namaḥ
...a Ela que é o agregado de todas as coisas existentes.

667. Om nir dvaitāyai namaḥ
...a Ela que não tem o sentido da dualidade.

668. Om dvaita varjitāyai namaḥ
...a Ela que é além da dualidade.

669. Om annadāyai namaḥ
...a Ela que é a doadora do alimento.

670. Om vasudāyai namaḥ
...a Ela que é a doadora de riqueza.

671. Om vṛddhāyai namaḥ
...a Ela que é antiga.

672. Om brahmātmaikya svarūpiṇyai namaḥ
...a Ela cuja natureza é a união de Brahman e Atman.

Saudações à Mãe Divina

673. Om bṛhatyai namaḥ
...a Ela que é imensa.

674. Om brāhmaṇyai namaḥ
...a Ela que é predominantemente sátvica.

675. Om brāhmyai namaḥ
...a Ela que preside o discurso.

676. Om brahmānandāyai namaḥ
...a Ela que é a beatitude de Brahman.

677. Om bali priyāyai namaḥ
...a Ela que aprecia particularmente oferendas sacrificiais.

678. Om bhāṣā rūpāyai namaḥ
...a Ela que está na forma da linguagem.

679. Om bṛhat senāyai namaḥ
...a Ela que tem um vasto exército.

680. Om bhāvābhāva vivarjitāyai namaḥ
...a Ela que é além do ser e do não ser.

681. Om sukhārādhyāyai namaḥ
...a Ela que é facilmente adorada.

682. Om śubha karyai namaḥ
...a Ela que faz o bem.

683. Om śobhanā sulabhā gatyai namaḥ
...a Ela que é alcançada através de um caminho brilhante e fácil.

684. Om rāja rājeśvaryai namaḥ
...a Ela que governa reis e imperadores.

685. Om rājya dāyinyai namaḥ
...a Ela que concede domínio.

686. Om rājya vallabhāyai namaḥ
...a Ela que protege todos os domínios.

Saudações à Mãe Divina

687. Om rājat kṛpāyai namaḥ

...a Ela cuja compaixão cativa a todos.

688. Om rāja pīṭha niveśita nijāśritāyai namaḥ

...a Ela que estabelece em tronos reais aqueles que se refugiam Nela.

689. Om rājya lakṣmyai namaḥ

...a Ela que é a personificação da prosperidade do mundo.

690. Om kośa nāthāyai namaḥ

...a Ela que é a Senhora do Tesouro.

691. Om catur aṅga baleśvaryai namaḥ

...a Ela que comanda exércitos dos quatro tipos.

692. Om sāmrājya dāyinyai namaḥ

...a Ela que confere Domínios Imperiais.

693. Om satya sandhāyai namaḥ

...a Ela que é devotada à verdade, ou que a mantém.

694. Om sāgara mekhalāyai namaḥ
...a Ela que é rodeada pelos oceanos.

695. Om dīkṣitāyai namaḥ
...a Ela que está sob um voto.

696. Om daitya śamanyai namaḥ
...a Ela que destrói os demônios, as forças perversas.

697. Om sarva loka vaśaṅkaryai namaḥ
...a Ela que mantém todos os mundos sob Seu controle.

698. Om sarvārtha dātryai namaḥ
...a Ela que concede todos os desejos.

699. Om sāvitryai namaḥ
...a Ela que é o poder criativo no universo.

700. Om sac cid ānanda rūpiṇyai namaḥ
...a Ela cuja natureza é Existência, Consciência e Felicidade.

Saudações à Mãe Divina

701. Om deśa kālāparicchinnāyai namaḥ

...a Ela que não é limitada pelo tempo e espaço.

702. Om sarvagāyai namaḥ

...a Ela que é onipresente.

703. Om sarva mohinyai namaḥ

...a Ela que ilude a todos.

704. Om sarasvatyai namaḥ

...a Ela que é da forma do conhecimento.

705. Om śāstramayyai namaḥ

...a Ela cuja forma é a das escrituras.

706. Om guhāmbāyai namaḥ

...a Ela que é Mãe de Guha (Subrahmanya); a Ela que habita na gruta do coração.

707. Om guhya rūpiṇyai namaḥ

...a Ela que tem uma forma secreta.

708. Om sarvopādhi vinirmuktāyai namaḥ
...a Ela que é isenta de todas limitações.

709. Om sadāśiva pativratāyai namaḥ
...a Ela que é a esposa devotada de Sadashiva.

710. Om sampradāyeśvaryai namaḥ
...a Ela que é a guardiã das tradições sagradas.

711. Om sādhune namaḥ
...a Ela que tem equanimidade.

712. Om yai namaḥ
...a Ela que é a letra"I".

713. Om guru maṇḍala rūpiṇyai namaḥ
...a Ela que incorpora em Si a linhagem dos Gurus.

714. Om kulottīrṇāyai namaḥ
...a Ela que transcende os sentidos.

Saudações à Mãe Divina

715. Om bhagārādhyāyai namaḥ
...a Ela que é adorada no disco solar.

716. Om māyāyai namaḥ
...a Ela que é a ilusão.

717. Om madhumatyai namaḥ
...a Ela cuja natureza é tão doce quanto o mel.

718. Om mahyai namaḥ
...a Ela que é a Deusa Terra.

719. Om gaṇāmbāyai namaḥ
...a Ela que é a Mãe dos ajudantes de Shiva.

720. Om guhyakārādhyāyai namaḥ
...a Ela que é adorada pelos *guhyakas* (tipo de deuses).

721. Om komalāṅgyai namaḥ
...a Ela que possui lindos membros.

722. Om guru priyāyai namaḥ
...a Ela que é a amada dos gurus.

723. Om svatantrāyai namaḥ
...a Ela que é isenta de todas as limitações.

724. Om sarva tantreśyai namaḥ
...a Ela que é a deusa de todos os *tantras*.

725. Om dakṣiṇā mūrti rūpiṇyai namaḥ
...a Ela cuja forma é a de Dakshinamurti (Shiva).

726. Om sanakādi samārādhyāyai namaḥ
...a Ela que é adorada por Sanaka e outros sábios.

727. Om śiva jñāna pradāyinyai namaḥ
...a Ela que concede o conhecimento de Shiva.

728. Om cit kalāyai namaḥ
...a Ela que é a Consciência em Brahman.

Saudações à Mãe Divina

729. Om ānanda kalikāyai namaḥ

...a Ela que é o botão de flor da Beatitude.

730. Om prema rūpāyai namaḥ

...a Ela que é amor puro.

731. Om priyaṅkaryai namaḥ

...a Ela que concede o que é apreciado pelos Seus devotos.

732. Om nāma pārāyaṇa prītāyai namaḥ

...a Ela que se alegra com a repetição de Seus nomes.

733. Om nandi vidyāyai namaḥ

...a Ela que é a Deidade adorada através do *mantra* (*vidya*) de Nandi.

734. Om naṭeśvaryai namaḥ

...a Ela que é a esposa de Natesha (Senhor da Dança, Shiva).

735. Om mithyā jagad adhiṣṭhānāyai namaḥ

...a Ela que é a base do universo ilusório.

736. Om mukti dāyai namaḥ
...a Ela que concede a Libertação.

737. Om mukti rūpiṇyai namaḥ
...a Ela cuja forma é a da Libertação.

738. Om lāsya priyāyai namaḥ
...a Ela que gosta da dança *lasya* (dança feminina).

739. Om laya karyai namaḥ
...a Ela que causa absorção.

740. Om lajjāyai namaḥ
...a Ela que existe como modéstia nos seres vivos.

741. Om rambhādi vanditāyai namaḥ
...a Ela que é adorada por donzelas celestiais tais como Rambha.

742. Om bhava dāva sudhā vṛṣṭyai namaḥ
...a Ela que é a chuva de néctar caindo sobre o fogo na floresta da existência mundana.

Saudações à Mãe Divina

743. Om pāpāraṇya davānalāyai namaḥ

...a Ela que é como fogo selvagem para a selva de pecados.

744. Om daurbhāgya tūla vātūlāyai namaḥ

...a Ela que é o vendaval que leva embora os tufos de algodão da infelicidade.

745. Om jarā dhvānta ravi prabhāyai namaḥ

...a Ela que é a luz do sol que dissipa a escuridão da velhice.

746. Om bhāgyābdhi candrikāyai namaḥ

...a Ela que é a lua cheia para o oceano da boa sorte.

747. Om bhakta citta keki ghanāghanāyai namaḥ

...a Ela que é a nuvem que alegra os pavões, que são os corações dos Seus devotos.

748. Om roga parvata dambholaye namaḥ

...a Ela que é o raio que destrói a montanha de doenças.

749. Om mṛtyu dāru kuṭhārikāyai namaḥ

...a Ela que é o machado que corta a árvore da morte.

750. Om maheśvaryai namaḥ
...a Ela que é a Deusa Suprema.

751. Om mahā kālyai namaḥ
...a Ela que é a grande Kali.

752. Om mahā grāsāyai namaḥ
...a Ela que é a grande devoradora.

753. Om mahāśanāyai namaḥ
...a Ela que consome tudo o que é grande.

754. Om aparṇāyai namaḥ
...a Ela que não tem dívidas.

755. Om caṇḍikāyai namaḥ
...a Ela que se enfurece (com os perversos).

756. Om caṇḍa muṇḍāsura niṣūdinyai namaḥ
...a Ela que matou Chanda, Munda e outros *asuras* (demônios).

Saudações à Mãe Divina

757. Om kṣarākṣarātmikāyai namaḥ
...a Ela cuja forma é a do Atman tanto perecível quanto imperecível.

758. Om sarva lokeśyai namaḥ
...a Ela que governa todos os mundos.

759. Om viśva dhāriṇyai namaḥ
...a Ela que sustenta o universo.

760. Om tri varga dātryai namaḥ
...a Ela que concede as três metas da vida.

761. Om subhagāyai namaḥ
...a Ela que é o assento de toda prosperidade.

762. Om tryambakāyai namaḥ
...a Ela que tem três olhos.

763. Om triguṇātmikāyai namaḥ
...a Ela que é a essência das três gunas.

764. Om svargāpavargadāyai namaḥ
...a Ela que concede o paraíso e a Libertação.

765. Om śuddhāyai namaḥ
...a Ela que é a mais pura.

766. Om japā puṣpa nibhākṛtyai namaḥ
...a Ela cujo corpo é como a flor de hibisco.

767. Om ojovatyai namaḥ
...a Ela que é cheia de vitalidade.

768. Om dyuti dharāyai namaḥ
...a Ela que é cheia de luz e esplendor; a Ela que tem uma aura de luz.

769. Om yajña rūpāyai namaḥ
...a Ela que é da forma do sacrifício.

770. Om priya vratāyai namaḥ
...a Ela que gosta de votos.

Saudações à Mãe Divina

771. Om durārādhyāyai namaḥ
...a Ela que é difícil de ser cultuada.

772. Om durādharṣāyai namaḥ
...a Ela que é difícil de controlar.

773. Om pāṭalī kusuma priyāyai namaḥ
...a Ela que gosta da flor de *patali* (flor em forma de trompete de cor vermelha pálida).

774. Om mahatyai namaḥ
...a Ela que é grandiosa.

775. Om meru nilayāyai namaḥ
...a Ela que reside na montanha Meru.

776. Om mandāra kusuma priyāyai namaḥ
...a Ela que gosta das flores mandara.

777. Om vīrārādhyāyai namaḥ
...a Ela que é adorada por pessoas heróicas.

778. Om virāḍ rūpāyai namaḥ
...a Ela que é da forma da Totalidade Cósmica.

779. Om virajase namaḥ
...a Ela que não possui *rajas*.

780. Om viśvato mukhyai namaḥ
...a Ela que olha em todas as direções.

781. Om pratyag rūpāyai namaḥ
...a Ela que é o Ser interior.

782. Om parākāśāyai namaḥ
...a Ela que é o éter transcendental.

783. Om prāṇadāyai namaḥ
...a Ela que é a doadora da vida.

784. Om prāṇa rūpiṇyai namaḥ
...a Ela que é da natureza da vida.

Saudações à Mãe Divina

785. Om mārtāṇḍa bhairavārādhyāyai namaḥ

...a Ela que é adorada por Martandabhairava.

786. Om mantriṇī nyasta rājya dhure namaḥ

...a Ela que confiou Suas responsabilidades reais para Sua mantrini (ministra).

787. Om tripureśyai namaḥ

...a Ela que é a Deusa de Tripura.

788. Om jayat senāyai namaḥ

...a Ela que tem um exército acostumado apenas com a vitória.

789. Om nistraiguṇyāyai namaḥ

...a Ela que é desprovida das três gunas.

790. Om parāparāyai namaḥ

...a Ela que é tanto absoluta quanto relativa.

791. Om satya jñānānanda rūpāyai namaḥ

...a Ela que é a verdade, o conhecimento e a felicidade.

792. Om sāmarasya parāyaṇāyai namaḥ
...a Ela que é imersa em um estado de sabedoria constante.

793. Om kapardinyai namaḥ
...a Ela que é a esposa de Shiva.

794. Om kalā mālāyai namaḥ
...a Ela que veste as sessenta e quatro formas de arte como uma guirlanda.

795. Om kāma dhuge namaḥ
...a Ela que realiza todos os desejos.

796. Om kāma rūpiṇyai namaḥ
...a Ela que tem uma forma desejável.

797. Om kalā nidhaye namaḥ
...a Ela que é o tesouro de todas as artes.

798. Om kāvya kalāyai namaḥ
...a Ela que é a arte da poesia.

Saudações à Mãe Divina

799. Om rasa jñāyai namaḥ

...a Ela que conhece todos os rasas (sentimentos).

800. Om rasa śevadhaye namaḥ

...a Ela que é a guardiã de rasa (Beatitude de Brahman).

801. Om puṣṭāyai namaḥ

...a Ela que está sempre cheia de vigor, nutrição.

802. Om purātanāyai namaḥ

...a Ela que é ancestral.

803. Om pūjyāyai namaḥ

...a Ela que é digna de adoração por todos.

804. Om puṣkarāyai namaḥ

...a Ela que é completa; a Ela que dá sustento a todos.

805. Om puṣkarekṣaṇāyai namaḥ

...a Ela que tem olhos como pétalas de lótus.

806. Om parasmai jyotiṣe namaḥ
...a Ela que é a Luz Suprema.

807. Om parasmai dhāmne namaḥ
...a Ela que é a morada suprema.

808. Om paramāṇave namaḥ
...a Ela que é a mais sutil das partículas.

809. Om parāt parāyai namaḥ
...a Ela que é a mais suprema dentre as supremas.

810. Om pāśa hastāyai namaḥ
...a Ela que segura um laço em Sua mão.

811. Om pāśa hantryai namaḥ
...a Ela que destrói as amarras.

812. Om para mantra vibhedinyai namaḥ
...a Ela que quebra o feitiço dos mantras maléficos dos inimigos.

Saudações à Mãe Divina

813. Om mūrtāyai namaḥ
...a Ela que tem formas.

814. Om amūrtāyai namaḥ
...a Ela que não tem forma.

815. Om anitya tṛptāyai namaḥ
...a Ela que se satisfaz até mesmo com nossas oferendas perecíveis.

816. Om muni mānasa haṁsikāyai namaḥ
...a Ela que é o cisne no lago Manasa das mentes dos sábios.

817. Om satya vratāyai namaḥ
...a Ela que habita firmemente na verdade.

818. Om satya rūpāyai namaḥ
...a Ela que é a própria Verdade.

819. Om sarvāntar yāmiṇyai namaḥ
...a Ela que mora dentro de todos.

820. Om satyai namaḥ

...a Ela que é Realidade, o Ser Eterno.

821. Om brahmāṇyai namaḥ

...a Ela que é o poder que é Brahman, o suporte de tudo.

822. Om brahmaṇe namaḥ

...a Ela que é Brahman.

823. Om jananyai namaḥ

...a Ela que é a Mãe.

824. Om bahu rūpāyai namaḥ

...a Ela que tem uma multiplicidade de formas.

825. Om budhārcitāyai namaḥ

...a Ela que é adorada pelos sábios.

826. Om prasavitryai namaḥ

...a Ela que é a Mãe do Universo.

Saudações à Mãe Divina

827. Om pracaṇḍāyai namaḥ

...a Ela que é repleta da fúria que inspira respeito.

828. Om ājñāyai namaḥ

...a Ela que é o Próprio mandamento divino.

829. Om pratiṣṭhāyai namaḥ

...a Ela que é o alicerce.

830. Om prakaṭākṛtyai namaḥ

...a Ela que se manifesta na forma do universo.

831. Om prāṇeśvaryai namaḥ

...a Ela que domina os cinco pranas e os sentidos.

832. Om prāṇa dātryai namaḥ

...a Ela que é a doadora da vida.

833. Om pañcāśat pīṭha rūpiṇyai namaḥ

...a Ela que tem cinquenta centros de adoração.

834. Om viśṛṅkhalāyai namaḥ

...a Ela que pode ser acessada irrestrita e livremente, em todos os sentidos.

835. Om viviktasthāyai namaḥ

...a Ela que habita em lugares isolados.

836. Om vīra mātre namaḥ

...a Ela que é a Mãe do herói; a Mãe do melhor entre os devotos.

837. Om viyat prasuve namaḥ

...a Ela que é a Mãe do éter.

838. Om mukundāyai namaḥ

...a Ela que proporciona a salvação.

839. Om mukti nilayāyai namaḥ

...a Ela que é a morada da salvação.

840. Om mūla vigraha rūpiṇyai namaḥ

...a Ela que é a forma-raiz de tudo.

Saudações à Mãe Divina

841. Om bhāva jñāyai namaḥ

...a Ela que é a conhecedora de todos os pensamentos e sentimentos.

842. Om bhava roga ghnyai namaḥ

...a Ela que cura as doenças do ciclo de nascimento e morte.

843. Om bhava cakra pravartinyai namaḥ

...a Ela que move a roda do ciclo de nascimento e morte.

844. Om chandaḥ sārāyai namaḥ

...a Ela que é a essência de todos os Vedas.

845. Om śāstra sārāyai namaḥ

...a Ela que é a essência de todas as escrituras.

846. Om mantra sārāyai namaḥ

...a Ela que é a essência de todos os mantras.

847. Om talodaryai namaḥ

...a Ela que tem cintura fina.

848. Om udāra kīrtaye namaḥ
...a Ela cuja fama é elevada.

849. Om uddāma vaibhavāyai namaḥ
...a Ela cuja destreza é ilimitada.

850. Om varṇa rūpiṇyai namaḥ
...a Ela que assume a forma das letras do alfabeto.

851. Om janma mṛtyu jarā tapta jana viśrānti dāyinyai namaḥ
...a Ela que dá paz e repouso àqueles que são afligidos pelo nascimento, morte e decrepitude.

852. Om sarvopaniṣad udghuṣṭāyai namaḥ
...a Ela que é celebrada por todos os Upanishads.

853. Om śāntyatīta kalātmikāyai namaḥ
...a Ela que transcende o estado de paz.

854. Om gambhīrāyai namaḥ
...a Ela que é insondável.

Saudações à Mãe Divina

855. Om gaganāntaḥsthāyai namaḥ

...a Ela que reside no éter, no espaço.

856. Om garvitāyai namaḥ

...a Ela que é orgulhosa.

857. Om gāna lolupāyai namaḥ

...a Ela que se deleita com a música.

858. Om kalpanā rahitāyai namaḥ

...a Ela que é isenta de atributos imaginários.

859. Om kāṣṭhāyai namaḥ

...a Ela que habita no mais elevado estado (além do qual não há nada).

860. Om akāntāyai namaḥ

...a Ela que acaba com todos os pecados e sofrimentos.

861. Om kāntārdha vigrahāyai namaḥ

...a Ela que é a metade do corpo de Seu marido.

862. Om kārya kāraṇa nirmuktāyai namaḥ

...a Ela que transcende o vínculo de causa e efeito.

863. Om kāma keli taraṅgitāyai namaḥ

...a Ela que transborda de prazer na união com Kameshvara.

864. Om kanat kanaka tāṭaṅkāyai namaḥ

...a Ela que usa brincos de ouro reluzentes.

865. Om līlā vigraha dhāriṇyai namaḥ

...a Ela que assume várias formas gloriosas como um jogo cósmico.

866. Om ajāyai namaḥ

...a Ela que não tem nascimento.

867. Om kṣaya vinirmuktāyai namaḥ

...a Ela que transcende a decadência.

868. Om mugdhāyai namaḥ

...a Ela que é cativante em Sua beleza.

Saudações à Mãe Divina

869. Om kṣipra prasādinyai namaḥ
...a Ela a quem é fácil de agradar.

870. Om antar mukha samārādhyāyai namaḥ
...a Ela que deve ser adorada internamente (por adoração mental).

871. Om bahir mukha sudurlabhāyai namaḥ
...a Ela que é difícil de ser alcançada por aqueles cuja atenção está direcionada para fora.

872. Om trayyai namaḥ
...a Ela que é os três Vedas.

873. Om trivarga nilayāyai namaḥ
...a Ela que é a morada dos três objetivos da vida humana.

874. Om tristhāyai namaḥ
...a Ela que reside nos três mundos.

875. Om tripura mālinyai namaḥ
...a Ela que é Tripuramalini, a divindade do Sri Chakra.

876. Om nir āmayāyai namaḥ
...a Ela que é isenta de doenças de todos os tipos.

877. Om nir ālambāyai namaḥ
...a Ela que não depende de ninguém.

878. Om svātmārāmāyai namaḥ
...a Ela que se regozija em Seu próprio Ser.

879. Om sudhāsṛtyai namaḥ
...a Ela que é a fonte do néctar.

880. Om saṁsāra paṅka nirmagna samuddharaṇa paṇḍitāyai namaḥ
...a Ela que é especializada em erguer os que estão imersos no lamaçal da vida transmigratória.

881. Om yajña priyāyai namaḥ
...a Ela que aprecia sacrifícios e outros rituais.

882. Om yajña kartryai namaḥ
...a Ela que executa ritos sacrificiais.

Saudações à Mãe Divina

883. Om yajamāna svarūpiṇyai namaḥ

...a Ela que é da forma de Yajamana, que dirige os ritos sacrificiais.

884. Om dharmādhārāyai namaḥ

...a Ela que é o sustentáculo do código para a vida correta.

885. Om dhanādhyakṣāyai namaḥ

...a Ela que supervisiona as riquezas.

886. Om dhana dhānya vivardhinyai namaḥ

...a Ela que aumenta a riqueza e as colheitas.

887. Om vipra priyāyai namaḥ

...a Ela que gosta dos sábios.

888. Om vipra rūpāyai namaḥ

...a Ela que assume a forma do conhecedor do Ser.

889. Om viśva bhramaṇa kāriṇyai namaḥ

...a Ela que faz o universo girar através do Seu poder de ilusão.

890. Om viśva grāsāyai namaḥ
...a Ela que devora o universo.

891. Om vidrumābhāyai namaḥ
...a Ela que brilha como coral (com Sua pele rosada).

892. Om vaiṣṇavyai namaḥ
...a Ela que é da forma de Vishnu.

893. Om viṣṇu rūpiṇyai namaḥ
...a Ela que tem uma forma que se estende sobre todo o universo.

894. Om ayonyai namaḥ
...a Ela que não tem origem.

895. Om yoni nilayāyai namaḥ
...a Ela que é o lugar de todas as origens.

896. Om kūṭasthāyai namaḥ
...a Ela que se mantém imutável como uma bigorna.

Saudações à Mãe Divina

897. Om kula rūpiṇyai namaḥ
...a Ela que é a deidade do caminho Kaula.

898. Om vīra goṣṭhī priyāyai namaḥ
...a Ela que aprecia a reunião de heróis.

899. Om vīrāyai namaḥ
...a Ela que é heroica.

900. Om naiṣkarmyāyai namaḥ
...a Ela que se abstém de ações.

901. Om nāda rūpiṇyai namaḥ
...a Ela que é da forma do som primordial.

902. Om vijñāna kalanāyai namaḥ
...a Ela que realiza o conhecimento de Brahman.

903. Om kalyāyai namaḥ
...a Ela que pode criar.

904. Om vidagdhāyai namaḥ
...a Ela que é perita em tudo.

905. Om baindavāsanāyai namaḥ
...a Ela cujo assento é no chacra Baindava (Ajna).

906. Om tattvādhikāyai namaḥ
...a Ela que transcende todas as categorias cósmicas.

907. Om tattva mayyai namaḥ
...a Ela que é a própria Realidade ou a Ela que é o próprio Shiva.

908. Om tat tvam artha svarūpiṇyai namaḥ
...a Ela que é o significado de tat (aquilo) e tvam (tu).

909. Om sāma gāna priyāyai namaḥ
...a Ela que aprecia a recitação do Samaveda.

910. Om somyāyai namaḥ
...a Ela que é bondosa e gentil por natureza como a lua.

Saudações à Mãe Divina

911. Om sadāśiva kuṭumbinyai namaḥ

...a Ela que é a esposa de Sadashiva.

912. Om savyāpasavya mārgasthāyai namaḥ

...a Ela que pode ser alcançada pelas vias de adoração da esquerda e da direita.

913. Om sarvāpad vinivāriṇyai namaḥ

...a Ela que remove todos os perigos.

914. Om svasthāyai namaḥ

...a Ela que reside em Si mesma.

915. Om svabhāva madhurāyai namaḥ

...a Ela que é doce por Sua natureza inerente.

916. Om dhīrāyai namaḥ

...a Ela que é sábia; a Ela que dá sabedoria.

917. Om dhīra samarcitāyai namaḥ

...a Ela que é adorada pelos sábios.

918. Om caitanyārghya samārādhyāyai namaḥ
...a Ela que é adorada tendo a consciência como oferenda.

919. Om caitanya kusuma priyāyai namaḥ
...a Ela que aprecia a flor que é a consciência.

920. Om sadoditāyai namaḥ
...a Ela que está sempre brilhando.

921. Om sadā tuṣṭāyai namaḥ
...a Ela que está sempre satisfeita.

922. Om taruṇāditya pāṭalāyai namaḥ
...a Ela que é rosada como o sol da manhã.

923. Om dakṣiṇādakṣiṇārādhyāyai namaḥ
...a Ela que é cultuada por adoradores tanto destros quanto canhotos.

924. Om dara smera mukhāmbujāyai namaḥ
...a Ela cuja face de lótus detém um doce sorriso.

Saudações à Mãe Divina

925. Om kaulinī kevalāyai namaḥ

...a Ela que é cultuada como Conhecimento puro pelos aqueles que seguem o caminho Kaula.

926. Om anarghya kaivalya pada dāyinyai namaḥ

...a Ela que concede o fruto inestimável da Libertação Final.

927. Om stotra priyāyai namaḥ

...a Ela que aprecia hinos em Seu louvor.

928. Om stuti matyai namaḥ

...a Ela que é o verdadeiro foco, a essência de todos os louvores.

929. Om śruti saṁstuta vaibhavāyai namaḥ

...a Ela cuja glória é celebrada nos Srutis.

930. Om manasvinyai namaḥ

...a Ela que é bem conhecida por Sua mente.

931. Om mānavatyai namaḥ
...a Ela que é nobre; a Ela que tem grande fama.

932. Om maheśyai namaḥ
...a Ela que é a esposa de Shiva.

933. Om maṅgalākṛtaye namaḥ
...a Ela cuja forma é auspiciosa.

934. Om viśva mātre namaḥ
...a Ela que é a Mãe do Universo.

935. Om jagad dhātryai namaḥ
...a Ela que é a mãe que protege e sustenta o mundo.

936. Om viśālākṣyai namaḥ
...a Ela que tem olhos grandes.

937. Om virāgiṇyai namaḥ
...a Ela que é impassível.

Saudações à Mãe Divina

938. Om pragalbhāyai namaḥ

...a Ela que é habilidosa e confiante.

939. Om paramodārāyai namaḥ

...a Ela que é supremamente generosa.

940. Om parā modāyai namaḥ

...a Ela que é supremamente alegre.

941. Om manomayyai namaḥ

...a Ela que assume a forma da mente.

942. Om vyoma keśyai namaḥ

...a Ela que tem o céu como Seus cabelos.

943. Om vimānasthāyai namaḥ

...a Ela que está sentada em Sua carruagem celestial.

944. Om vajriṇyai namaḥ

...a Ela que é a esposa de Indra.

945. Om vāmakeśvaryai namaḥ
...a Ela que é a deidade que preside o Tantra Vamakesvara.

946. Om pañca yajña priyāyai namaḥ
...a Ela que aprecia as cinco formas de sacrifício.

947. Om pañca preta mañcādhi śāyinyai namaḥ
...a Ela que se reclina em um trono feito de Cinco Cadáveres.

948. Om pañcamyai namaḥ
...a Ela que é o quinto.

949. Om pañca bhūteśyai namaḥ
...a Ela que é a Deusa dos Cinco Elementos.

950. Om pañca saṅkhyopacāriṇyai namaḥ
...a Ela que é cultuada usando cinco objetos de adoração.

951. Om śāśvatyai namaḥ
...a Ela que é Eterna.

Saudações à Mãe Divina

952. Om śāśvataiśvaryāyai namaḥ
...a Ela que detém a soberania eterna.

953. Om śarmadāyai namaḥ
...a Ela que é a doadora da felicidade.

954. Om śambhu mohinyai namaḥ
...a Ela que encanta Shiva.

955. Om dharāyai namaḥ
...a Ela que é a Mãe Terra.

956. Om dhara sutāyai namaḥ
...a Ela que é a filha de Dhara (Himavat).

957. Om dhanyāyai namaḥ
...a Ela que possui grande riqueza; a Ela que é extremamente abençoada.

958. Om dharmiṇyai namaḥ
...a Ela que é correta.

959. Om dharma vardhinyai namaḥ
...a Ela que promove a justiça.

960. Om lokātītāyai namaḥ
...a Ela que transcende os mundos.

961. Om guṇātītāyai namaḥ
...a Ela que transcende as *gunas*.

962. Om sarvātītāyai namaḥ
...a Ela que transcende tudo.

963. Om śamātmikāyai namaḥ
...a Ela que é da natureza da paz e da felicidade.

964. Om bandhūka kusuma prakhyāyai namaḥ
...a Ela que se assemelha à flor bandhuka em beleza e graça.

965. Om bālāyai namaḥ
...a Ela que nunca abandona a natureza de uma criança.

Saudações à Mãe Divina

966. Om līlā vinodinyai namaḥ

...a Ela que se deleita em Seu jogo.

967. Om sumaṅgalyai namaḥ

...a Ela que é eternamente auspiciosa, a Ela que nunca será uma viúva.

968. Om sukha karyai namaḥ

...a Ela que concede a felicidade.

969. Om suveṣāḍhyāyai namaḥ

...a Ela que é cativante em Seus belos trajes e ricos ornamentos.

970. Om suvāsinyai namaḥ

...a Ela que está sempre auspiciosamente casada.

971. Om suvāsinyarcana prītāyai namaḥ

...a Ela que aprecia o culto feito pelas mulheres casadas.

972. Om āśobhanāyai namaḥ

...a Ela que é sempre radiante.

973. Om śuddha mānasāyai namaḥ

...a Ela que é de mente pura.

974. Om bindu tarpaṇa santuṣṭāyai namaḥ

...a Ela que aprecia oferendas ao Bindu.

975. Om pūrva jāyai namaḥ

...a Ela que antecede a todos; a primogênita.

976. Om tripurāmbikāyai namaḥ

...a Ela que é a Mãe das três cidades.

977. Om daśa mudrā samārādhyāyai namaḥ

...a Ela que é adorada através de dez *mudras.*

978. Om tripurāśrī vaśaṅkaryai namaḥ

...a Ela que controla Tripurasri.

979. Om jñāna mudrāyai namaḥ

...a Ela que é da forma de *jnana mudra* (postura de dedos do conhecimento).

Saudações à Mãe Divina

980. Om jñāna gamyāyai namaḥ

...a Ela que deve ser alcançada através do *yoga* do conhecimento.

981. Om jñāna jñeya svarūpiṇyai namaḥ

...a Ela que é tanto o conhecimento quanto o conhecido.

982. Om yoni mudrāyai namaḥ

...a Ela que é da forma do *mudra yoni*.

983. Om trikhaṇḍeśyai namaḥ

...a Ela que governa o décimo *mudra*, o *trikhanda*.

984. Om triguṇāyai namaḥ

...a Ela que é dotada das três gunas.

985. Om ambāyai namaḥ

...a Ela que é a Mãe do Universo.

986. Om trikoṇagāyai namaḥ

...a Ela que reside no triângulo.

987. Om anaghāyai namaḥ
...a Ela que é sem pecados.

988. Om adbhuta cāritrāyai namaḥ
...a Ela cujos feitos são maravilhosos.

989. Om vāñchitārtha pradāyinyai namaḥ
...a Ela que dá todos os objetos desejados.

990. Om abhyāsātiśaya jñātāyai namaḥ
...a Ela que é conhecida apenas através da prática bastante extenuante da disciplina espiritual.

991. Om ṣaḍadhvātīta rūpiṇyai namaḥ
...a Ela cuja forma transcende os seis caminhos.

992. Om avyāja karuṇā mūrtaye namaḥ
...a Ela que é pura compaixão.

993. Om ajñāna dhvānta dīpikāyai namaḥ
...a Ela que é a lâmpada brilhante que dissipa as trevas da ignorância.

Saudações à Mãe Divina

994. Om ābāla gopa viditāyai namaḥ

...a Ela que é bem conhecida por todos, até mesmo por crianças e pastores de gado.

995. Om sarvānullaṅghya śāsanāyai namaḥ

...a Ela cujas ordens não são desobedecidas por ninguém.

996. Om śrīcakra rāja nilayāyai namaḥ

...a Ela que reside no Sri Chakra, o Rei dos chacras.

997. Om śrīmat tripura sundaryai namaḥ

...a Ela que é a divina Tripurasundari.

998. Om śrī śivāyai namaḥ

...a Ela que é o auspicioso e divino Shiva.

999. Om śiva śaktyaikya rūpiṇyai namaḥ

...a Ela que é a união de Shiva e Shakti em uma só forma.

1000. Om lalitāmbikāyai namaḥ

...a Ela que é a Divina Mãe Lalita.

Mantrahīnam kriyāhīnam
bhaktihīnam maheśvari
yadpūjitam mayā devī
paripūrṇam tadastute

Oh! Mãe, neste culto à Senhora,
Posso ter me esquecido de cantar muitos mantras;
Posso ter me esquecido de realizar muitos rituais;
Posso tê-los feito sem a devoção e atenção adequadas.
Por favor, perdoe minhas omissões e torne meu culto
pleno e completo, pela Sua graça.

Śrī Mahiṣāsuramardini Stotram

Hino a Ela, que matou o demônio búfalo

Ayi giri nandini nandita medini viśva vinodini nandanute
giri varavindya śirodhi nivāsini viṣṇu vilāsini jiṣṇunute
bhagavati he śitikaṇṭha kuṭumbini bhūri kuṭumbini bhūrikṛte
jaya jaya he mahiṣāsura-mardini ramyakapardini śailasute /1

Saudações, ó Mãe! Você é um deleite supremo para o seu pai, os Himalaias, pois você criou todo o universo como se se tratasse de um jogo. Você é a felicidade de todos os seres da criação. Seus louvores são cantados até mesmo por Nandi (o veículo de Shiva), Você reside nos picos elevados da grande cordilheira de Vindhya. Vishnu deriva seu poder criativo apenas de Você. Até o grande deus Indra ora a Você. Para Você o mundo inteiro é uma única família. **Refrão:** Vitória, Vitória à matadora do demônio búfalo, à amada de Shiva, à filha da montanha!!.

**Suravara varṣiṇi durdhara dharṣiṇi durmukha marṣiṇi harṣarate
tribhuvana poṣiṇi śaṅkara toṣiṇi kalmaṣa moṣiṇi ghoṣarate
danu jani roṣiṇi ditisuta roṣiṇi durmada śoṣiṇi sindusute
jaya jaya he mahiṣāsura-mardini ramyakapardini śailasute /2**

Que a vitória seja Sua, ó Mãe! Você derrama bênçãos sobre todos os deuses. O gigante Dhurdhara e o malvado Durmukha foram subjugados por Você. Você sustenta os três mundos, estabelecida em felicidade imperecível e deleitando os outros. Você é a felicidade do grande deus Shiva. Os gritos de guerra dos asuras foram aniquilados por Você, que ficou enfurecida com eles. Você é intolerante com os mal-intencionados e foi o veículo da morte para o egoísta Durmada. Você é a filha do oceano.

**Ayi jagadamba madamba kadamba vana priya vāsini hāsarate
śikhari śiromaṇi tuṅgahimālaya śṛṅganijālaya madhyagate
madhu madhure madhukaiṭabha bhañjini kaiṭabha bhañjini rāsarate
jaya jaya he mahiṣāsura-mardini ramyakapardini śailasute /3**

Que a vitória seja Sua, ó Mãe! Você é minha própria Mãe, assim como a Mãe universal de toda a criação. A floresta Kadamba é Sua sagrada moradia. Você também habita nos picos majestosos das montanhas dos Himalaias. Um sorriso agradável, mais doce que o mel, enfeita Sua linda face. Os demônios Madhu e Kaitabha foram destruídos por Você. Você limpa as impurezas de Seus devotos e se regozija com a divina dança rasa.

Ayi śata khaṇḍa vikhaṇḍita ruṇḍa vituṇḍita śuṇḍa gajādhipate
ripugaja gaṇḍa vidāraṇa caṇḍa parā krama śauṇḍa mṛgādhipate
nija bhujadaṇḍa nipātita caṇḍa vipātita muṇḍa bhaṭādhipate
jaya jaya he mahiṣāsura-mardini ramyakapardini śailasute /4

Glória a Você, ó Mãe! Com a arma chamada Shatakhanda, decapitou Seus inimigos demoníacos e os cortou em centenas de pedaços. Seu veículo, o leão, destruiu os imensos elefantes de Seus inimigos enquanto Você mesma destruía os exércitos dos asuras com golpes mortais de Suas mãos poderosas.

Ayi raṇa durmada śatru vadhodita durdhara nirjara śaktibhṛte
catura vicāra dhurīṇa mahāśiva dūta kṛta pramathādhipate

durita durīha durāśaya durmati dānava dūta kṛtāntamate
jaya jaya he mahiṣāsura-mardini ramyakapardini śailasute /5

Ao aniquilar as hordas de Demônios, Você reduziu o pesado fardo que a Mãe Terra estava carregando. Você escolheu o introvertido yogui, Shiva, como Seu mensageiro para buscar a paz, mas, por fim, destruiu as intenções traiçoeiras dos asuras.

Ayi śaraṇāgata vairivadhūvara vīravarābhaya dāyikare
tribhu vana mastaka śūla virodhi śirodhi kṛtāmala śūlakare
dumi dumi tāmara dundubhināda mahomukharī kṛta diṅgikare
jaya jaya he mahiṣāsura-mardini ramyakapardini śailasute /6

Oh Mãe! Você concedeu bênçãos às esposas dos asuras que buscaram refúgio. No entanto, foi impiedosa com os demais demônios que continuaram sendo uma ameaça à criação, usando Seu tridente para decapitá-los. Este ato foi elogiado pelos deuses, que tocaram seus tambores e, desta forma, preencheram toda a criação com o som rítmico dos seus instrumentos.

Ayi nija humkṛti mātra nirākṛta dhūmra vilocana dhūmraśate
sama ravi śoṣita śoṇita bīja samud bhava śoṇita bījalate
śiva śiva śumbha niśumbha mahāhava tarpita bhūta piśācapate
jaya jaya he mahiṣāsura-mardini ramyakapardini śailasute /7

Oh Mãe! Como milagre, a sílaba 'Hum', que Você pronunciou em voz alta, reduziu Dhumralochana e seus malvados aliados a cinzas. Você destruiu Raktabija e os cúmplices dele, e corajosamente enfrentou e matou Sumbha e Nisumbha. Este ato agradou a Shiva, o Senhor dos fantasmas e dos espectros.

Dhanu ranu ṣaṅga raṇakṣaṇa saṅga parisphura daṅga naṭatkaṭake
kanaka piśaṅga pṛṣatkaniṣaṅga rasad bhaṭaśṛṅga hatā baṭuke
kṛta catu raṅga balakṣiti raṅga ghaṭad bahuraṅga raṭad baṭuke
jaya jaya he mahiṣāsura-mardini ramyakapardini śailasute /8

Oh Mãe! Enquanto empunhava armas na batalha, as pulseiras em Suas mãos tilintavam ritmicamente. Os sinos amarrados à Sua cintura brilhavam e cegavam Seus inimigos.

Enormes aves de rapina pairavam sobre os cadáveres de Seus inimigos, que estavam espalhados pelo campo de batalha.

Sura lalanā tatatho tatatho tatatho bhinayottara nṛtyarate
kṛta kukutho kukutho gaḍadādika tāla kutūhala gānarate
dhudhukuṭa dhukuṭa dhimdhimita dhvani dhīra mṛdaṅga ninādarate
jaya jaya he mahiṣāsura-mardini ramyakapardini śailasute /9

Oh Mãe, fonte do som, Você se alegra com os movimentos dos dançarinos celestiais, que dançam ao ritmo dos sons 'tatato-tatato-tatato' e 'kukutha-kukuthakukutha' e 'ga-ga-dha'. As batidas dos tambores deles criam os sons 'kuthu-dhukutadhimi '.

Jaya jaya jaya jaye jaya śabda parastuti tatpara viśvanute
jhaṇajhaṇa jhim jhimi jhimkṛta nūpura śiñjita mohita bhūtapate
naṭita naṭārdha naṭī naṭanāyaka nāṭita nāṭya sugānaratè
jaya jaya he mahiṣāsura-mardini ramyakapardini śailasute /10

Oh Mãe! Todos os devotos cantam para Você: 'Vitória! Vitória!'. Você dança em união com Shiva durante a dança Tandava e Ele se alegra com o som do tilintar que emana de Suas tornozeleiras.

Ayi sumunaḥ sumanaḥ sumanaḥ sumanaḥ sumanohara kāntiyute
śritarajanī rajanī rajanī rajanī rajanī kara vaktrayute
sunayana vibhramara bhramara bhramara bhramara
bhramarādhipate
jaya jaya he mahiṣāsura-mardini ramyakapardini śailasute /11

Oh Mãe! Os Devas mentalmente te oferecem flores em adorações, e a Sua beleza cativante assume a forma dos botões em flor que eles visualizam. A Sua face se assemelha a um lótus que flutua em um lago iluminado pela lua. Os cachos de Seu cabelo se agitam como abelhas e adicionam beleza a Seus olhos.

Mahita mahāhava mallamatallika vallita rallaka bhallirate
viracita vallika pallika mallika jhillika bhillika vargavṛte

sitakṛta phulla samulla sitāruṇa tallaja pallava sallalite
jaya jaya he mahiṣāsura-mardini ramyakapardini śailasute /12

Oh Mãe! Quando os guerreiros alçam suas armas no campo de batalha, Você olha por eles. Você é o refúgio para os moradores das colinas e dos tribais que residem em casas com trepadeiras. Você brilha de um modo ainda mais intenso quando os doze Adityas a esperam.

Avirala gaṇḍa galanmada medura matta mataṅgaja rājapate
tribhuvana bhūṣaṇa bhūta kalānidhi rūpa payonidhi rājasute
ayi sudatī jana lālasa mānasa mohana manmatha rājasute
jaya jaya he mahiṣāsura-mardini ramyakapardini śailasute /13

Oh Mãe! Seu andar majestoso é como o do rei dos elefantes, de cujo templo flui riquezas em abundância. Você emergiu do oceano como Maha Lakshmi junto com a lua, que enfeita os três mundos. Manmatha (o deus do amor), que deixa apaixonadas as jovens donzelas, tem por Você temor reverencial, pois ele é impotente para te escravizar pelo desejo.

Kamala dalāmala komala kānti kalākalitāmala bhālalate
sakalavilāsa kalānilaya krama keli calat kalahaṁsakule
alikula saṅkula kuvalaya maṇḍala maulimilad-bakulālikule
jaya jaya he mahiṣāsura-mardini ramyakapardini śailasute /14

Oh Mãe! Sua linda testa, que é ampla e inigualável, supera em brilho as pétalas de lótus. Seus elegantes movimentos são como os do cisne. As flores Bákula que enfeitam Seu cabelo esvoaçante atraem enxames de abelhas.

Kala muralī rava vījitakūjita lajjita kokila mañjumate
milita pulinda manohara guñjita rañjita śaila nikuñjagate
nijaguṇa bhūta mahāśabarī gaṇa sad guṇa sambhṛta kelirate
jaya jaya he mahiṣāsura-mardini ramyakapardini śailasute /15

Oh Mãe! As notas melodiosas que emanam de Sua flauta fazem com que o cuco pare de cantar. No jardim Kalisha, Você se levanta para observar as caçadoras, Suas seguidoras devotadas, e as abelhas emitem um zumbido doce.

**Kaṭitaṭa pītadukūla vicitra mayūkha tiraskṛta candrarūce
praṇata surāsura mauli maṇisphura daṁśu lasannakha candraruce
jita kanakācala mauli madorjita nirbhara kuñjara kumbhakuce
jaya jaya he mahiṣāsura-mardini ramyakapardini śailasute /16**

Oh Mãe! O adorno que você usa em Sua cintura fina excede o esplendor da lua. As unhas dos dedos dos Seus pés brilham intensamente e seu brilho é aumentado pelas coroas tanto dos devas quanto dos asuras, que se prostram em reverência diante de Você. Seus seios são como os picos dos Himalaias, cobertos por cachoeiras.

**Vijita sahasra karaika sahasra karaika sahasra karaika nute
kṛta suratāraka saṅgaratāraka saṅgaratāraka sūnusute
suratha samādhi samāna samādhi samādhi samādhi sujātarate
jaya jaya he mahiṣāsura-mardini ramyakapardini śailasute /17**

Oh Mãe! O brilho do sol diminui diante de Você, e ele se rende derramando milhares de raios em Seus pés divinos. O filho de Tarakasura te louva profusamente após a guerra.

Você se deleita ao se manifestar no mantra recitado com devoção por devotos como Suratha e Samadhi em Saptasati.

Pada kamalam karuṇā nilaye vari vasyati yonudinam nuśive
ayi kamale kamalā nilaye kamalā nilayaḥ sa katham na bhavet
tava padameva param padamitya nuśīlayato mama kim na śive
jaya jaya he mahiṣāsura-mardini ramyakapardini śailasute /18

Oh Mãe! Parvati! Adorar-te concede prosperidade, porque Você também é a própria Deusa Mahalakshmi. Adorar e meditar nos Seus pés sagrados conduzirão o adorador ao estado final de libertação.

Kanakalasat kala sindhujalai ranuṣiñcati te guṇa raṅga bhuvam
bhajati sa kim na śacīkucakumbha taṭīparirambha sukhānu bhavam
tava caraṇam śaraṇam karavāṇi mṛḍāni sadāmayi dehi śivam
jaya jaya he mahiṣāsura-mardini ramyakapardini śailasute /19

Oh Mãe! Até mesmo um simples varredor de Seu pátio herda todos os prazeres celestiais. Peço-Lhe a graça de aceitar meu humilde serviço e conceder-me o que considerar que seja bom para mim.

Tava vimalendu kulam vadanendu malam sakalam nanukūlayate
kimu puruhūta purīndu mukhī sumukhī bhirasau vimukhī kriyate
mama tu matam śivanāmadhane bhavatī kṛpayā kimuta kriyate
jaya jaya he mahiṣāsura-mardini ramyakapardini śailasute /20

Oh Mãe! Nenhuma das belezas celestiais pode sequer tentar alguém que medita sobre Seu lindo rosto. Oh Mãe do coração de Shiva, faça com que a minha vida se realize plenamente!

Ayi mayi dīnadayālutayā kṛpayaiva tvayā bhavitavyamume
ayi jagato jananī kṛpayāsi yathāsi tathānimitāsi rame
yaducita matra bhavatyurarī kurutāduru tāpamapākuru me
jaya jaya he mahiṣāsura-mardini ramyakapardini śailasute /21

Oh Mãe! Uma! Você não é famosa por Sua compaixão? Seja misericordiosa comigo, minha Mãe! Por favor, conceda-me a remoção de todas as minhas infelicidades!

Śrī Lalitā Sahasranāmāvali Stotram

Os Mil Nomes da Mãe Divina em forma de verso

Dhyānam – Versos de Meditação

Sindūrāruṇa vigrahām tri nayanām māṇikya mauli sphurat
tārānāyaka śekharām smita mukhīm āpīna vakṣoruhām
pāṇibhyām alipūrṇa ratna caṣakam raktotpalam bibhratīm
saumyām ratna ghaṭastha rakta caraṇām dhyāyet parām ambikām

Ó Mãe Ambika, eu medito cm Sua resplandecente forma vermelha, com três olhos sagrados, usando uma coroa de jóias cintilantes e a lua crescente, exibindo um sorriso doce, com seios fartos que transbordam amor maternal, portando em cada mão vasos ornados com jóias e decorados com flores de lótus vermelhas rodeadas por abelhas, e com os pés de lótus vermelhos repousando sobre uma jarra dourada repleta de jóias!

Dhyāyet padmāsanasthām vikasita vadanām padma
patrāyatākṣīm
hemābhām pītavastrām kara kalita lasad hema padmām varāṅgīm
sarvālaṅkāra yuktām satatam abhayadām bhaktanamrām
bhavānīm
śrī vidyām śānta mūrtim sakala sura nutāmsarva sampat
pradātrīm

Ó Mãe Ambika, eu medito em Sua resplandecente forma vermelha, com três olhos sagrados, usando uma coroa de jóias cintilantes e a lua crescente, exibindo um sorriso doce, com seios fartos que transbordam amor maternal, portando em cada mão vasos ornados com jóias e decorados com flores de lótus vermelhas rodeadas por abelhas, e com os pés de lótus vermelhos repousando sobre uma jarra dourada repleta de jóias!

Sakuṅkuma vilepanām alika cumbi kastūrikām
samanda hasitekṣaṇām saśara cāpa pāśāṅkuśām
aśeṣa jana mohinīm aruṇa mālya bhūṣojvalām
japā kusuma bhāsurām japavidhau smaredambikām

Ó Mãe do Universo, enquanto me sento para o japa [recitação de mantras], deixe-me lembrar de Sua forma, que tem a beleza da flor de hibisco, usando uma guirlanda vermelha e ornamentos resplandecentes, coberta com açafrão vermelho, brilhando com uma marca de almíscar na testa, cujo aroma atrai as abelhas, segurando nas mãos o arco e a flecha, o laço e o aguilhão; exibindo um sorriso gentil, distribuindo olhares doces e cativando a todos!

Aruṇām karuṇā taraṅgitākṣīm
dhṛta pāśāṅkuśa puṣpa bāṇa cāpām
aṇimādibhir āvṛtām mayūkhai
raham ityeva vibhāvaye maheśīm

Ó Grande Deusa, deixe-me imaginar que existo em união com Sua gloriosa forma vermelha, circundada pelos raios dourados da Anima e das outras oito glórias divinas, portando o laço e o aguilhão, o arco e a flecha de flores, com olhos nos quais emergem ondas de compaixão!

1. **Śrī-mātā śrī-mahā-rājñī śrīmat-siṁhāsaneśvarī**
   cid-agni-kuṇḍa-sambhūtā deva-kārya-samudyatā
2. **Udyad-bhānu-sahasrābhā catur-bāhu-samanvitā**
   rāga-svarūpa-pāśāḍhyā krodhā-kārāṅkuś-ojjvalā
3. **Mano-rūpekṣu-kodaṇḍā pañca-tanmātra-sāyakā**
   nijāruṇa-prabhāpūra-majjad-brahmāṇḍa-maṇḍalā
4. **Campakāśoka-punnāga-saugandhika-lasat-kacā**
   kuruvinda-maṇi-śreṇī-kanat-koṭīra-maṇḍitā
5. **Aṣṭamī-candra-vibhrāja-dalika-sthala-śobhitā**
   mukha-candra-kalaṅkābha-mṛganābhi-viśeṣakā
6. **Vadana-smara-māṅgalya-gṛha-toraṇa-cillikā**
   vaktra-lakṣmī-parīvāha-calan-mīnābha-locanā
7. **Nava-campaka-puṣpābha-nāsā-daṇḍa-virājitā**
   tārā-kānti-tiraskāri-nāsābharaṇa-bhāsurā

8. Kadamba-mañjarī-klṛpta-karṇa-pūra-manoharā
tāṭaṅka-yugalī-bhūta-tapanoḍupa-maṇḍalā

9. Padma-rāga-śilādarśa-paribhāvi-kapola-bhūḥ
nava-vidruma-bimba-śrī-nyakkāri-radana-cchadā

10. Śuddha-vidyāṅkurākāra-dvija-paṅkti-dvayojjvalā
karpūra-vīṭikāmoda-samākarṣad-digantarā

11. Nija-sallāpa-mādhurya-vinirbhartsita-kacchapī
manda-smita-prabhā-pūra-majjat-kāmeśa-mānasā

12. Anākalita-sādṛśya-cibuka-śrī-virājitā
kāmeśa-baddha-māṅgalya-sūtra-śobhita-kandharā

13. Kanakāṅgada-keyūra-kamanīya-bhujānvitā
ratna-graiveya-cintāka-lola-muktā-phalānvitā

14. Kāmeśvara-prema-ratna-maṇi-pratipaṇa-stanī
nābhyāla-vāla-romāli-latā-phala-kuca-dvayī

15. Lakṣya-roma-latā-dhāratā-sumunneya-madhyamā
stana-bhāra-dalan-madhya-paṭṭa-bandha-vali-trayā

16. Aruṇāruṇa-kausumbha-vastra-bhāsvat-kaṭī-taṭī
ratna-kinkiṇikā-ramya-raśanā-dāma-bhūṣitā

17. Kāmeśa-jñāta-saubhāgya-mārdavoru-dvayānvitā
māṇikya-mukuṭākāra-jānu-dvaya-virājitā

18. Indra-gopa-parikṣipta-smara-tūṇābha-jaṅghikā
gūḍha-gulphā kūrma-pṛṣṭha-jayiṣṇu-prapadānvitā

19. Nakha-dīdhiti-sañchanna-namajjana-tamoguṇa
pada-dvaya-prabhā-jāla-parākṛta-saroruhā

20. Śiñjāna-maṇi-mañjīra-maṇḍita-śrī-padāmbujā
marālī-manda-gamanā mahā-lāvaṇya-śevadhiḥ

21. Sarvāruṇā'navadyāṅgī sarvābharaṇa-bhūṣitā
śiva-kāmeśvarāṅkasthā śivā svādhīna-vallabhā

22. **Sumeru-madhya-śṛṅgasthā śrīman-nagara-nāyikā cintāmaṇi-gṛhāntasthā pañca-brahmāsana-sthitā**

23. **Mahā-padmāṭavī-saṁsthā kadamba-vana-vāsinī sudhā-sāgara-madhyasthā kāmākṣī kāmadāyinī**

24. **Devarṣi-gaṇa-saṅghāta-stūyamānātma-vaibhavā bhaṇḍāsura-vadhodyukta-śakti-senā-samanvitā**

25. **Sampatkarī-samārūḍha-sindhura-vraja-sevitā aśvārūḍhādhiṣṭhitāśva-koṭi-koṭibhir-āvṛtā**

26. **Cakra-rāja-rathārūḍha-sarvāyudha-pariṣkṛtā geya-cakra-rathārūḍha-mantriṇī-parisevitā**

27. **Kiricakra-rathārūḍha-daṇḍanāthā-puras-kṛtā jvālā-mālinikākṣipta-vahni-prākāra-madhyagā**

28. **Bhaṇḍa-sainya-vadhodyukta-śakti-vikrama-harṣitā nityā-parākramāṭopa-nirīkṣaṇa-samutsukā**

**29. Bhaṇḍa-putra-vadhodyukta-bālā-vikrama-nanditā
mantriṇyambā-viracita-viṣaṅga-vadha-toṣitā**

**30. Viśukra-prāṇa-haraṇa-vārāhī-vīrya-nanditā
kāmeśvara-mukhāloka-kalpita-śrī-gaṇeśvarā**

**31. Mahā-gaṇeśa-nirbhinna-vighna-yantra-praharṣitā
bhaṇḍāsurendra-nirmukta-śastra-pratyastra-varṣiṇī**

**32. Karāṅguli-nakhotpanna-nārāyaṇa-daśākṛtiḥ
mahā-pāśupatāstrāgni-nirdagdhāsura-sainikā**

**33. Kāmeśvarāstra-nirdagdha-sabhaṇḍāsura-śūnyakā
brahmopendra-mahendrādi-deva-saṁstuta-vaibhavā**

**34. Hara-netrāgni-sandagdha-kāma-sañjīvanauṣadhiḥ
śrīmad-vāgbhava-kūṭaika-svarūpa-mukha-paṅkajā**

**35. Kaṇṭhādhaḥ-kaṭi-paryanta-madhya-kūṭa-svarūpiṇī
śakti-kūṭaikatāpanna-kaṭyadhobhāga-dhāriṇī**

36. Mūla-mantrātmikā mūla-kūṭa-traya-kalebarā
kulāmṛtaika-rasikā kula-saṅketa-pālinī

37. Kulāṅganā kulāntasthā kaulinī kula-yoginī
akulā samayāntasthā samayācāra-tatparā

38. Mūlādhāraika-nilayā brahma-granthi-vibhedinī
maṇipūrāntar-uditā viṣṇu-granthi-vibhedinī

39. Ājñā-cakrāntarālasthā rudra-granthi-vibhedinī
sahasrārāmbujārūḍhā sudhā-sārābhi-varṣiṇī

40. Taḍil-latā-sama-ruciḥ ṣaṭ-cakropari-saṁsthitā
mahā-saktiḥ kuṇḍalinī bisa-tantu-tanīyasī

41. Bhavānī bhāvanāgamyā bhavāraṇya-kuṭhārikā
bhadra-priyā bhadra-mūrtir bhakta-saubhāgya-dāyinī

42. Bhakti-priyā bhakti-gamyā bhakti-vaśyā bhayāpahā
śāmbhavī śāradārādhyā śarvāṇī śarma-dāyinī

43. Śāṅkarī śrīkarī sādhvī śarac-candra-nibhānanā
śātodarī śāntimatī nirādhārā nirañjanā

44. Nirlepā nirmalā nityā nirākārā nirākulā
nirguṇā niṣkalā śāntā niṣkāmā nirupaplavā

45. Nitya-muktā nirvikārā niṣprapañcā nirāśrayā
nitya-śuddhā nitya-buddhā niravadyā nirantarā

46. Niṣkāraṇā niṣkalaṅkā nirupādhir nirīśvarā
nīrāgā rāga-mathanā nirmadā mada-nāśinī

47. Niścintā nirahaṅkārā nirmohā moha-nāśinī
nirmamā mamatā-hantrī niṣpāpā pāpa-nāśinī

48. Niṣkrodhā krodha-śamanī nirlobhā lobha-nāśinī
niḥsaṁśayā saṁśaya-ghnī nirbhavā bhava-nāśinī

49. Nirvikalpā nirābādhā nirbhedā bheda-nāśinī
nirnāśā mṛtyu-mathanī niṣkriyā niṣparigrahā

50. **Nistulā nīla-cikurā nirapāyā niratyayā**
durlabhā durgamā durgā duḥkha-hantrī sukha-pradā

51. **Duṣṭadūrā durācāra-śamanī doṣa-varjitā**
sarvajñā sāndrakaruṇā samānādhika-varjitā

52. **Sarva-śakti-mayī sarva-maṅgalā sad-gati-pradā**
sarveśvarī sarva-mayī sarva-mantra-svarūpiṇī

53. **Sarva-yantrātmikā sarva-tantra-rūpā manonmanī**
māheśvarī mahā-devī mahā-lakṣmī mṛḍa-priyā

54. **Mahā-rūpā mahā-pūjyā mahā-pātaka-nāśinī**
mahā-māyā mahā-sattvā mahā-śaktir mahā-ratiḥ

55. **Mahā-bhogā mahaiśvaryā mahā-vīryā mahā-balā**
mahā-buddhir mahā-siddhir mahā-yogeśvareśvarī

56. **Mahā-tantrā mahā-mantrā mahā-yantrā mahāsanā**
mahā-yāga-kramārādhyā mahā-bhairava-pūjitā

57. Maheśvara-mahākalpa-mahātāṇḍava-sākṣiṇī
mahā-kāmeśa-mahiṣī mahā-tripura-sundarī

58. Catuḥ-ṣaṣṭyupacārāḍhyā catuḥ-ṣaṣṭi-kalāmayī
mahā-catuḥ-ṣaṣṭi-koṭi-yoginī-gaṇa-sevitā

59. Manu-vidyā candra-vidyā candra-maṇḍala-madhyagā
cāru-rūpā cāru-hāsā cāru-candra-kalā-dharā

60. Carācara-jagan-nāthā cakra-rāja-niketanā
pārvatī padma-nayanā padma-rāga-sama-prabhā

61. Pañca-pretāsanāsīnā pañca-brahma-svarūpiṇī
cinmayī paramānandā vijñāna-ghana-rūpiṇī

62. Dhyāna-dhyātṛ-dhyeya-rūpā dharmādharma-vivarjitā
viśva-rūpā jāgariṇī svapantī taijasātmikā

63. Suptā prājñātmikā turyā sarvāvasthā-vivarjitā
sṛṣṭi-kartrī brahma-rūpā goptrī govinda-rūpiṇī

64. Saṁhāriṇī rudra-rūpā tirodhāna-kar'īśvarī
sadā-śivā'nugraha-dā pañca-kṛtya-parāyaṇā

65. Bhānu-maṇḍala-madhyasthā bhairavī bhaga-mālinī
padmāsanā bhagavatī padma-nābha-sahodarī

66. Unmeṣa-nimiṣotpanna-vipanna-bhuvanāvalī
sahasra-śīrṣa-vadanā sahasrākṣī sahasra-pāt

67. Ābrahma-kīṭa-jananī varṇāśrama-vidhāyinī
nijājñā-rūpa-nigamā puṇyāpuṇya-phala-pradā

68. Śruti-sīmanta-sindūrī-kṛta-pādābja-dhūlikā
sakalāgama-sandoha-śukti-sampuṭa-mauktikā

69. Puruṣārtha-pradā pūrṇā bhoginī bhuvaneśvarī
ambikā'nādi-nidhanā hari-brahmendra-sevitā

70. Nārāyaṇī nāda-rūpā nāma-rūpa-vivarjitā
hrīṅ-kārī hrīmatī hṛdyā heyopādeya-varjitā

71. Rāja-rājārcitā rājñī ramyā rājīva-locanā
rañjanī ramaṇī rasyā raṇat-kiṅkiṇi-mekhalā

72. Ramā rākendu-vadanā rati-rūpā rati-priyā
rakṣā-karī rākṣasa-ghnī rāmā ramaṇa-lampaṭā

73. Kāmyā kāma-kalā-rūpā kadamba-kusuma-priyā
kalyāṇī jagatī-kandā karuṇā-rasa-sāgarā

74. Kalāvatī kalālāpā kāntā kādambarī-priyā
varadā vāma-nayanā vāruṇī-mada-vihvalā

75. Viśvādhikā vedavedyā vindhyācala-nivāsinī
vidhātrī veda-jananī viṣṇu-māyā vilāsinī

76. Kṣetra-svarūpā kṣetreśī kṣetra-kṣetrajña-pālinī
kṣaya-vṛddhi-vinirmuktā kṣetra-pāla-samarcitā

77. Vijayā vimalā vandyā vandāru-jana-vatsalā
vāg-vādinī vāma-keśī vahni-maṇḍala-vāsinī

78. Bhaktimat-kalpa-latikā paśu-pāśa-vimocinī
saṁhṛtāśeṣa-pāṣaṇḍā sadācāra-pravartikā

79. Tāpa-trayāgni-santapta-samāhlādana-candrikā
taruṇī tāpasārādhyā tanu-madhyā tamopahā

80. Citis tat-pada-lakṣyārthā cid-eka-rasa-rūpiṇī
svātmānanda-lavī-bhūta-brahmādyānanda-santatiḥ

81. Parā pratyak-citī-rūpā paśyantī para-devatā
madhyamā vaikharī-rūpā bhakta-mānasa-haṁsikā

82. Kāmeśvara-prāṇa-nāḍī kṛtajñā kāma-pūjitā
śṛṅgāra-rasa-sampūrṇā jayā jālandhara-sthitā

83. Oḍyāṇa-pīṭha-nilayā bindu-maṇḍala-vāsinī
raho-yāga-kramārādhyā rahas-tarpaṇa-tarpitā

84. Sadyaḥ-prasādinī viśva-sākṣiṇī sākṣi-varjitā
ṣaḍ-aṅga-devatā-yuktā ṣāḍ-guṇya-paripūritā

85. Nitya-klinnā nirupamā nirvāṇa-sukha-dāyinī
nityā-ṣoḍaśikā-rūpā śrīkaṇṭhārdha-śarīriṇī

86. Prabhāvatī prabhā-rūpā prasiddhā parameśvarī
mūla-prakṛtir avyaktā vyaktāvyakta-svarūpiṇī

87. Vyāpinī vividhākārā vidyāvidyā-svarūpiṇī
mahā-kāmeśa-nayana-kumudāhlāda-kaumudī

88. Bhakta-hārda-tamo-bheda-bhānumad-bhānu-santatīḥ
śiva-dūtī śivārādhyā śiva-mūrtiḥ śivaṅkarī

89. Śiva-priyā śiva-parā śiṣṭeṣṭā śiṣṭapūjitā
aprameyā svaprakāśā mano-vācām-agocarā

90. Cicchaktiś cetanā-rūpā jaḍa-śaktir jaḍātmikā
gāyatrī vyāhṛtiḥ sandyā dvija-vṛnda-niṣevitā

91. Tattvāsanā tat'vam'ayī pañca-kośāntara-sthitā
niḥsīma-mahimā nitya-yauvanā mada-śālinī

92. Mada-ghūrṇita-raktākṣī mada-pāṭala-gaṇḍa-bhūḥ
candana-drava-digdhāṅgī cāmpeya-kusuma-priyā

93. Kuśalā komalākārā kurukullā kuleśvarī
kula-kuṇḍālayā kaula-mārga-tatpara-sevitā

94. Kumāra-gaṇanāthāmbā tuṣṭiḥ puṣṭir matir dhṛtiḥ
śāntiḥ svasti-matī kāntir nandinī vighna-nāśinī

95. Tejovatī tri-nayanā lolākṣī-kāma-rūpiṇī
mālinī haṁsinī mātā malayācala-vāsinī

96. Sumukhī nalinī subhrūḥ śobhanā suranāyikā
kālakaṇṭhī kānti-matī kṣobhiṇī sūkṣma-rūpiṇī

97. Vajreśvarī vāma-devī vayovasthā-vivarjitā
siddheśvarī siddha-vidyā siddha-mātā yaśasvinī

98. Viśuddhi-cakra-nilayā'rakta-varṇā tri-locanā
khaṭvāṅgādi-praharaṇā vadanaika-samanvitā

**99. Pāyasānna-priyā tvaksthā paśu-loka-bhayaṅkarī
amṛtādi-mahāśakti-saṁvṛtā ḍākinīśvarī**

**100. Anāhatābja-nilayā śyāmābhā vadana-dvayā
daṁṣṭrojjvalā'kṣa-mālādi-dharā rudhira-saṁsthitā**

**101. Kāla-rātryādi-śaktyaugha-vṛtā snigdhaudana-priyā
mahā-vīrendra-varadā rākiṇyambā-svarūpiṇī**

**102. Maṇipūrābja-nilayā vadana-traya-samyutā
vajrādikāyudhopetā ḍāmaryādibhir-āvṛtā**

**103. Rakta-varṇā māṁsa-niṣṭhā guḍānna-prīta-mānasā
samasta-bhakta-sukhadā lākinyambā-svarūpiṇī**

**104. Svādhiṣṭhānāmbuja-gatā catur-vaktra-manoharā
śūlādyāyudha-sampannā pīta-varṇā'ti-garvitā**

**105. Medo-niṣṭhā madhu-prītā bandhinyādi-samanvitā
dadhyannāsakta-hṛdayā kākinī-rūpa-dhāriṇī**

106. Mūlādhārāmbujārūḍhā pañca-vaktrā'sthi-saṁsthitā
aṅkuśādi-praharaṇā varadādi-niṣevitā

107. Mudgaudanāsakta-cittā sākinyambā-svarūpiṇī
ājñā-cakrābja-nilayā śukla-varṇā ṣad-ānanā

108. Majjā-saṁsthā haṁsavatī-mukhya-śakti-samanvitā
haridrānnaika-rasikā hākinī-rūpa-dhāriṇī

109. Sahasra-dala-padmasthā sarva-varṇopaśobhitā
sarvāyudha-dharā śukla-saṁsthitā sarvatomukhī

110. Sarvaudana-prīta-cittā yākinyambā-svarūpiṇī
svāhā svadhā'matir medhā śruti smṛtir anuttamā

111. Puṇya-kīrtiḥ puṇya-labhyā puṇya-śravaṇa-kīrtanā
pulomajārcitā bandha-mocanī barbarālakā

112. Vimarśa-rūpiṇī vidyā viyadādi-jagat-prasūḥ
sarva-vyādhi-praśamanī sarva-mṛtyu-nivāriṇī

113. Agra-gaṇyā'cintya-rūpā kali-kalmaṣa-nāśinī
kātyāyanī kālahantrī kamalākṣa-niṣevitā

114. Tāmbūla-pūrita-mukhī dāḍimī-kusuma-prabhā
mṛgākṣī mohinī mukhyā mṛḍānī mitra-rūpiṇī

115. Nitya-tṛptā bhakta-nidhir niyantrī nikhileśvarī
maitryādi-vāsanā-labhyā mahā-pralaya-sākṣiṇī

116. Parāśaktiḥ parāniṣṭhā prajñāna-ghana-rūpiṇī
mādhvī-pānālasā mattā mātṛkā-varṇa-rūpiṇī

117. Mahākailāsa-nilayā mṛṇāla-mṛdu-dor-latā
mahanīyā dayā-mūrtir mahā-sāmrājya-śālinī

118. Ātma-vidyā mahā-vidyā śrī-vidyā kāma-sevitā
śrī-ṣoḍaśākṣarī-vidyā trikūṭā kāma-koṭikā

119. Kaṭākṣa-kiṅkarī-bhūta-kamalā-koṭi-sevitā
śiraḥsthitā candra-nibhā bhālasth'endra-dhanuḥ-prabhā

120. **Hṛdayasthā ravi-prakhyā trikoṇāntara-dīpikā**
dākṣāyaṇī daitya-hantrī dakṣa-yajña-vināśinī

121. **Darāndolita-dīrghākṣī dara-hāsojjvalan-mukhī**
guru-mūrtir guṇa-nidhir go-mātā guha-janma-bhūḥ

122. **Deveśī daṇḍa-nītisthā daharākāśa-rūpiṇī**
pratipan-mukhya-rākānta-tithi-maṇḍala-pūjitā

123. **Kalātmikā kalā-nāthā kāvyālāpa-vinodinī**
sacāmara-ramā-vāṇī-savya-dakṣiṇa-sevitā

124. **Ādiśaktir ameyā'tmā paramā pāvanākṛtiḥ**
aneka-koṭi-brahmāṇḍa-jananī divya-vigrahā

125. **Klīṅkārī kevalā guhyā kaivalya-pada-dāyinī**
tripurā trijagad-vandyā trimūrtir tridaśeśvarī

126. **Tryakṣarī divya-gandhāḍhyā sindūra-tilakāñcitā**
umā śailendra-tanayā gaurī gandharva-sevitā

127. Viśva-garbhā svarṇa-garbhā'varadā vāg-adhīśvarī
dhyāna-gamyā'pari-cchedyā jñānadā jñāna-vigrahā

128. Sarva-vedānta-saṁvedyā satyānanda-svarūpiṇī
lopāmudrārcitā līlā-klṛpta-brahmāṇḍa-maṇḍalā

129. Adṛśyā dṛśya-rahitā vijñātrī vedya-varjitā
yoginī yogadā yogyā yogānandā yugandharā

130. Icchā-śakti-jñāna-śakti-kriyā-śakti-svarūpiṇī
sarvādhārā supratiṣṭhā sad-asad-rūpa-dhāriṇī

131. Aṣṭa-mūrtir ajā-jaitrī loka-yātrā-vidhāyinī
ekākinī bhūma-rūpā nirdvaitā dvaita-varjitā

132. Annadā vasudā vṛddhā brahmātmaikya-svarūpiṇī
bṛhatī brāhmaṇī brāhmī brahmānandā bali-priyā

133. Bhāṣā-rūpā bṛhat-senā bhāvābhāva-vivarjitā
sukhārādhyā śubha-karī śobhanā-sulabhā-gatiḥ

134. Rāja-rājeśvarī rājya-dāyinī rājya-vallabhā rājat-kṛpā rāja-pīṭha-niveśita-nijāśritā

135. Rājya-lakṣmīḥ kośa-nāthā catur-aṅga-baleśvarī sāmrājya-dāyinī satya-sandhā sāgara-mekhalā

136. Dīkṣitā daitya-śamanī sarva-loka-vaśaṅkarī sarvārtha-dātrī sāvitrī sac-cid-ānanda-rūpiṇī

137. Deśa-kālāparicchinnā sarvagā sarva-mohinī sarasvatī śāstramayī guhāmbā guhya-rūpiṇī

138. Sarvopādhi-vinirmuktā sadāśiva-pativratā sampradāyeśvarī sādhv'ī guru-maṇḍala-rūpiṇī

139. Kulottīrṇā bhagārādhyā māyā madhumatī mahī gaṇāmbā guhyakārādhyā komalāṅgī guru-priyā

140. Svatantrā sarva-tantreśī dakṣiṇā-mūrti-rūpiṇī sanakādi-samārādhyā śiva-jñāna-pradāyinī

141. Cit-kalā'nanda-kalikā prema-rūpā priyaṅkarī
nāma-pārāyaṇa-prītā nandi-vidyā naṭeśvarī

142. Mithyā-jagad-adhiṣṭhānā muktidā mukti-rūpiṇī
lāsya-priyā laya-karī lajjā rambhādi-vanditā

143. Bhava-dāva-sudhā-vṛṣṭiḥ pāpāraṇya-davānalā
daurbhāgya-tūla-vātūlā jarā-dhvānta-ravi-prabhā

144. Bhāgyābdhi-candrikā bhakta-citta-keki-ghanāghanā
roga-parvata-dambholir mṛtyu-dāru-kuṭhārikā

145. Maheśvarī mahā-kālī mahā-grāsā mahāśanā
aparṇā caṇḍikā caṇḍa-muṇḍāsura-niṣūdinī

146. Kṣarākṣarātmikā sarva-lokeśī viśva-dhāriṇī
tri-varga-dātrī subhagā tryambakā triguṇātmikā

147. Svargāpavargadā śuddhā japā-puṣpa-nibhākṛtiḥ
ojovatī dyuti-dharā yajña-rūpā priya-vratā

148. Durārādhyā durādharṣā pāṭalī-kusuma-priyā
mahatī meru-nilayā mandāra-kusuma-priyā

149. Vīrārādhyā virāḍ-rūpā virajā viśvato-mukhī
pratyag-rūpā parākāśā prāṇadā prāṇa-rūpiṇī

150. Mārtāṇḍa-bhairavārādhyā mantriṇī-nyasta-rājya-dhūḥ
tripureśī jayat-senā nistraiguṇyā parāparā

151. Satya-jñānānanda-rūpā sāmarasya-parāyaṇā
kapardinī kalā-mālā kāma-dhuk kāma-rūpiṇī

152. Kalā-nidhiḥ kāvya-kalā rasa-jñā rasa-śevadhiḥ
puṣṭā purātanā pūjyā puṣkarā puṣkarekṣaṇā

153. Param-jyotiḥ param-dhāma paramāṇuḥ parāt-parā
pāśa-hastā pāśa-hantrī para-mantra-vibhedinī

154. Mūrtā'mūrtā'nitya-tṛptā muni-mānasa-haṁsikā
satya-vratā satya-rūpā sarvāntar-yāminī satī

155. Brahmāṇī brahma jananī bahu-rūpā budhārcitā
prasavitrī pracaṇḍā'jñā pratiṣṭhā prakaṭākṛtiḥ

156. Prāṇeśvarī prāṇa-dātrī pañcāśat-pīṭha-rūpiṇī
viśṛṅkhalā viviktasthā vīra-mātā viyat-prasūḥ

157. Mukundā mukti-nilayā mūla-vigraha-rūpiṇī
bhāva-jñā bhava-roga-ghnī bhava-cakra-pravartinī

158. Chandaḥ-sārā śāstra-sārā mantra-sārā talodarī
udāra-kīrtir uddāma-vaibhavā varṇa-rūpiṇī

159. Janma-mṛtyu-jarā-tapta-jana-viśrānti-dāyinī
sarvopaniṣad-udghuṣṭā śāntyatīta-kalātmikā

160. Gambhīrā gaganāntaḥsthā garvitā gāna-lolupā
kalpanā-rahitā kāṣṭhā'kāntā kāntārdha-vigrahā

161. Kārya-kāraṇa-nirmuktā kāma-keli-taraṅgitā
kanat-kanaka-tāṭaṅkā līlā-vigraha-dhāriṇī

162. Ajā kṣaya-vinirmuktā mugdhā kṣipra-prasādinī
antar-mukha-samārādhyā bahir-mukha-sudurlabhā

163. Trayī trivarga-nilayā tristhā tripura-mālinī
nir-āmayā nir-ālambā svātmārāmā sudhāsṛtiḥ

164. Saṁsāra-paṅka-nirmagna-samuddharaṇa-paṇḍitā
yajña-priyā yajña-kartrī yajamāna-svarūpiṇī

165. Dharmādhārā dhanādhyakṣā dhana-dhānya-vivardhinī
vipra-priyā vipra-rūpā viśva-bhramaṇa-kāriṇī

166. Viśva-grāsā vidrumābhā vaiṣṇavī viṣṇu-rūpiṇī
ayonir yoni-nilayā kūṭasthā kula-rūpiṇī

167. Vīra-goṣṭhī-priyā vīrā naiṣkarmyā nāda-rūpiṇī
vijñāna-kalanā kalyā vidagdhā baindavāsanā

168. Tattvādhikā tattva-mayī tat-tvam-artha-svarūpiṇī
sāma-gāna-priyā somyā sadāśiva-kuṭumbinī

169. Savyāpasavya-mārgasthā sarvāpad-vinivāriṇī
svasthā svabhāva-madhurā dhīrā dhīra-samarcitā

170. Caitanyārghya-samārādhyā caitanya-kusuma-priyā
sadoditā sadā-tuṣṭā taruṇāditya-pāṭalā

171. Dakṣiṇādakṣiṇārādhyā dara-smera-mukhāmbujā
kaulinī-kevalā'narghya-kaivalya-pada-dāyinī

172. Stotra-priyā stuti-matī śruti-saṁstuta-vaibhavā
manasvinī mānavatī maheśī maṅgalākṛtiḥ

173. Viśva-mātā jagad-dhātrī viśālākṣī virāgiṇī
pragalbhā paramodārā parā-modā manomayī

174. Vyoma-keśī vimānasthā vajriṇī vāmakeśvarī
pañca-yajña-priyā pañca-preta-mañcādhi-śāyinī

175. Pañcamī pañca-bhūteśī pañca-saṅkhyopacāriṇī
śāśvatī śāśvataiśvaryā śarmadā śambhu-mohinī

176. Dharā dhara-sutā dhanyā dharmiṇī dharma-vardhinī
lokātītā guṇātītā sarvātītā śamātmikā

177. Bandhūka-kusuma-prakhyā bālā līlā-vinodinī
sumaṅgalī sukha-karī suveṣāḍhyā suvāsinī

178. Suvāsinyarcana-prītā'śobhanā śuddha-mānasā
bindu-tarpaṇa-santuṣṭā pūrvajā tripurāmbikā

179. Daśa-mudrā-samārādhyā tripurāśrī-vaśaṅkarī
jñāna-mudrā jñāna-gamyā jñāna-jñeya-svarūpiṇī

180. Yoni-mudrā trikhaṇḍeśī triguṇā'mbā trikoṇagā
anaghā'dbhuta-cāritrā vāñchitārtha-pradāyinī

181. Abhyāsātiśaya-jñātā ṣaḍadhvātīta-rūpiṇī
avyāja-karuṇā-mūrtir ajñāna-dhvānta-dīpikā

182. Ābāla-gopa-viditā sarvānullaṅghya-śāsanā
śrīcakra-rāja-nilayā śrīmat-tripura-sundarī

183. Śrī-śivā śiva-śaktyaikya-rūpiṇī lalitāmbikā

Śrī Lalitā Triśatī Stotra

Os Trezentos Nomes da Mãe Divina

Introdução

O Śrī Lalitā Triśatī Stotra ou Śrī Lalitā Triśatī Stotram é parte do capítulo Lalitopakhyanam do Brahmanda Purana. É um hino em louvor do aspecto feminino do Divino. Śrī Lalitā Triśatī é um stotra em sânscrito altamente reverenciado, que contém os 300 Nomes Divinos da Deusa Lalitā, ou Mãe Divina. Semelhante ao Śrī Lalitā Sahasranāmam, o Śrī Lalitā Triśatī Stotra é uma conversa entre o Sábio Agasthya com o Senhor Hayagrīva (o avatar do Senhor Vishnu com cabeça de cavalo).

O Śrī Lalitā Triśatī Stotra é considerado o mais sagrado dos stotras. O nome Lalitā significa "Aquela que Brinca", e brincadeira (līla) se refere à criação e sustentação do universo. Criação, manifestação e dissolução são considerados uma brincadeira de Devi. Ela é a beleza transcendental dos três mundos.

Dhyānam – Versos de Meditação

Sindūrāruṇa vigrahām tri nayanām māṇikya mauli sphurat tārānāyaka śekharām smita mukhīm āpīna vakṣoruhām pāṇibhyām alipūrṇa ratna caṣakam raktotpalam bibhratīm saumyām ratna ghaṭastha rakta caraṇām dhyāyet parām ambikām

Ó Mãe Ambika, eu medito em Sua resplandecente forma vermelha, com três olhos sagrados, usando uma coroa de jóias cintilantes e a lua crescente, exibindo um sorriso doce, com seios fartos que transbordam amor maternal, portando em cada mão vasos ornados com jóias e decorados com flores de lótus vermelhas rodeadas por abelhas, e com os pés de lótus vermelhos repousando sobre uma jarra dourada repleta de jóias!

Dhyāyet padmāsanasthām vikasita vadanām padma patrāyatākṣīm

hemābhām pītavastrām kara kalita lasad hema padmām varāṅgīm
sarvālaṅkāra yuktām satatam abhayadām bhaktanamrām
bhavānīm
śrī vidyām śānta mūrtim sakala sura nutāmsarva sampat
pradātrīm

Ó Mãe, permita que eu medite em Sua linda forma da cor do ouro, de face radiante e grandes olhos de lótus, sentada sobre uma flor de lótus, com vestes amarelas resplandecentes, repletas de ornamentos, segurando um lótus dourado em Sua mão, adorada pelos devotos prostrados em reverência e sempre concedendo refúgio a eles! Permita que eu medite na Senhora, ó Sri Vidya, personificação da paz, objeto de adoração de todos os devas, aquela que concede todas as riquezas!

Sakuṅkuma vilepanām alika cumbi kastūrikām
samanda hasitekṣaṇām saśara cāpa pāśāṅkuśām
aśeṣa jana mohinīm aruṇa mālya bhūṣojvalām
japā kusuma bhāsurām japavidhau smaredambikām

Ó Mãe do Universo, enquanto me sento para o japa [recitação de mantras], deixe-me lembrar de Sua forma, que tem a beleza da flor do hibisco, usando uma guirlanda vermelha e ornamentos resplandecentes, coberta com açafrão vermelho, brilhando com uma marca de almíscar na testa, cujo aroma atrai as abelhas, segurando nas mãos o arco e a flecha, o laço e o aguilhão; exibindo um sorriso gentil, distribuindo olhares doces e cativando a todos!

Aruṇām karuṇā taraṅgitākṣīm
dhṛta pāśāṅkuśa puṣpa bāṇa cāpām
aṇimādibhir āvṛtām mayūkhai
raham ityeva vibhāvaye maheśīm

Ó Grande Deusa, deixe-me imaginar que existo em união com Sua gloriosa forma vermelha, circundada pelos raios dourados da Anima e das outras oito glórias divinas, portando o laço e o aguilhão, o arco e a flecha de flores, com olhos nos quais emergem ondas de compaixão!

Saudações à Mãe Divina

1. **Om kakāra rūpāyai namaḥ**
   ...a Ela que é a letra 'ka'. (Essa letra representa luz. Essa é a primeira letra do mantra 'pañcadasākṣari', o mantra de 15 sílabas.)
2. **Om kalyāṇyai namaḥ**
   ...a Ela que é auspiciosa.
3. **Om kalyāṇa guṇa śāliṇyai namaḥ**
   ...a Ela que é a personificação de boas qualidades.
4. **Om kalyāṇa śaila nilayāyai namaḥ**
   ...a Ela que reside na montanha auspiciosa (Himalaya).
5. **Om kamanīyāyai namaḥ**
   ...a Ela que é desejável.
6. **Om kalāvatyai namaḥ**
   ...a Ela que domina todas as artes.

7. Om kamalākṣyai namaḥ
...a Ela que tem olhos parecidos com lótus.

8. Om kanmaṣa ghnyai namaḥ
...a Ela que destrói impurezas.

9. Om karuṇāmṛta sāgarāyai namaḥ
...a Ela que é o Oceano do néctar de compaixão.

10. Om kadamba kānanā vāsāyai namaḥ
...a Ela que vive na floresta de árvores Kadamba (uma árvore de flores azuis).

11. Om kadamba kusuma priyāyai namaḥ
...a Ela que gosta das flores da árvore Kadamba.

12. Om kandarpa vidyāyai namaḥ
...a Ela que é o conhecimento usado pelo Cupido.

13. Om kandarpa janakāpāṅga vīkṣaṇāyai namaḥ
...a Ela que criou o Cupido apenas com seu olhar.

Saudações à Mãe Divina

14. Om karpūra vīṭi saurabhya kallolita kakuptaṭāyai namaḥ

...a Ela cuja boca é perfumada por mastigar folhas de bétele, misturada com cânfora e outros ingredientes.

15. Om kali doṣa harāyai namaḥ

...a Ela que destrói os maus efeitos da Kali yuga.

16. Om kañja locanāyai namaḥ

...a Ela que tem olhos como lótus.

17. Om kamra vigrahāyai namaḥ

...a Ela que tem uma forma desejável.

18. Om karmādi sākṣiṇyai namaḥ

...a Ela que é a testemunha das ações, pensamentos e palavras.

19. Om kārayitryaī namaḥ

...a Ela que controla todas as ações.

20. Om karma phala pradāyai namaḥ

...a Ela que dá os frutos das ações de cada um.

21. Om ekāra rūpāyai namaḥ

...a Ela que é a letra 'e'. ('E' denota a verdade absoluta, Brahman. Essa é a segunda letra do 'pañcadasākṣari' mantra.)

22. Om ekākṣaryai namaḥ

...a Ela que é a única sílaba ('Om').

23. Om ekānekākṣarā kṛtāyai namaḥ

...a Ela que manifesta a única sílaba 'Om', assim como todas as outras letras.

24. Om etat tadityanirdeśyāyai namaḥ

...a Ela que não pode ser indicada por 'isso' ou 'aquilo'.

25. Om ekānanda cidākṛtayai namaḥ

...a Ela que está na forma de beatitude não-dual e consciência.

26. Om evam ityāgamābodhyāyai namaḥ

...a Ela que os Vedas não podem descrever.

Saudações à Mãe Divina

27. Om eka bhaktimad arcitāyai namaḥ
...a Ela que é adorada com devoção unidirecional.

28. Om ekāgra citta nirdhyātāyai namaḥ
...a Ela que pode ser meditada por uma mente unidirecional.

29. Om eṣaṇā rahitā dṛtāyai namaḥ
...a Ela que é o refúgio daqueles que não têm desejos mundanos.

30. Om elā sugandhi cikurāyai namaḥ
...a Ela cujo cabelo tem o doce perfume de cardamomo.

31. Om enaḥ kūṭa vināśinyai namaḥ
... a Ela que destrói montes de impurezas.

32. Om eka bhogāyai namaḥ
...a Ela que tem apenas uma experiência (experiência do Ser).

33. Om eka rasāyai namaḥ
...a Ela que tem apenas beatitude (felicidade do Ser).

34. Om ekaiśvarya pradāyinyai namaḥ
...a Ela que dá a glória da Unidade.

35. Om ekātapatra sāmrājya pradāyai namaḥ
...a Ela que dá a cada um o poder do imperador do mundo.

36. Om ekānta pūjitāyai namaḥ
...a Ela que é adorada com uma mente unidirecional.

37. Om edhamāna prabhāyai namaḥ
...a Ela que tem o brilho principal.

38. Om ekad aneka jagadīśvaryai namaḥ
...a Ela que é a governante do universo de Unidade e de dualidade.

39. Om eka vīrādi samsevyāyai namaḥ
...a Ela que é adorada por valorosos guerreiros.

40. Om eka prābhava śālinyai namaḥ
...a Ela que tem o poder da Verdade Única.

Saudações à Mãe Divina

41. Om īkāra rūpāyai namaḥ

...a Ela que é a letra 'ī'. '(ī' denota Shakti. Essa é a terceira letra do 'pañcadasākṣari' mantra.)

42. Om īśitryai namaḥ

...a Ela que governa tudo.

43. Om īpsitārtha pradāyinyai namaḥ

...a Ela que dá os objetos desejados por cada um.

44. Om īdṛgityavinird eśyāyai namaḥ

...a Ela que não pode ser indicada por atributos.

45. Om īśvaratva vidhāyinyai namaḥ

...a Ela que faz de Brahman o Criador, o Sustentador e o Destruidor.

46. Om īśānādi brahma mayyai namaḥ

...a Ela que está na forma dos cinco deuses: Brahma, Vishnu, Rudra, Īsha, e Sadāshiva.

47. Om īśitvādyaṣṭa siddhidāyai namaḥ
...a Ela que dá os oito poderes sobrenaturais.

48. Om īkṣitryai namaḥ
...a Ela que vê tudo.

49. Om īkṣaṇa sṛṣṭāṇḍa koṭyai namaḥ
...a Ela que cria milhões de galáxias com um mero olhar.

50. Om īśvara vallabhāyai namaḥ
...a Ela que é a amada de Shiva.

51. Om īḍitāyai namaḥ
...a Ela que é louvada nos livros sagrados como os Vedas, os Puranas, etc.

52. Om īśvarārdhāṅga śarīrāyai namaḥ
...a Ela cujo corpo é metade Shiva.

53. Om īśādhi devatāyai namaḥ
...a Ela que é a Divindade Suprema até mesmo para Shiva.

Saudações à Mãe Divina

54. Om īśvara preraṇa karyai namaḥ

...a Ela que induz as ações de Shiva (Criação, etc.).

55. Om īśa tāṇḍava sākṣiṇyai namaḥ

...a Ela que é a testemunha da dança cósmica de Shiva.

56. Om īśvarotsaṅga nilayāyai namaḥ

...a Ela que permanece em união com Shiva.

57. Om īti bādhā vināśinyai namaḥ

...a Ela que destrói calamidades inesperadas.

58. Om īhā virahitāyai namaḥ

...a Ela que é desprovida de desejo.

59. Om īśa śaktyai namaḥ

...a Ela que é o poder de Shiva.

60. Om īṣat smitānanāyai namaḥ

...a Ela que tem um suave sorriso no rosto.

61. Om lakāra rūpāyai namaḥ

...a Ela que é a letra 'la'. ('La' denota a onda que inicia a sabedoria. Essa é a quarta letra do 'pañcadasākṣari' mantra.)

62. Om lalitāyai namaḥ

...a Ela que é conhecida pelo nome de 'Lalitā'. (Aquela que permanece na simplicidade.)

63. Om lakṣmī vāṇī niṣevitāyai namaḥ

...a Ela que é atendida por Lakshmi (a deusa da riqueza) e Saraswati (a deusa do conhecimento).

64. Om lākinyai namaḥ

...a Ela que é facilmente acessível.

65. Om lalanā rūpāyai namaḥ

...a Ela que pode ser vista como a deusa em todas as mulheres.

66. Om lasad dāḍima pāṭalāyai namaḥ

...a Ela cuja pela é da cor de uma flor de romã desabrochada.

67. Om lasantikā lasat phālāyai namaḥ

...a Ela que tem uma testa que brilha com o belo *tilaka* (ponto).

Saudações à Mãe Divina

68. Om lalāṭa nayanārcitāyai namaḥ

...a Ela que é adorada por *yogis* cujos olhos da sabedoria estão abertos.

69. Om lakṣaṇojjvala divyāṅgyai namaḥ

...a Ela cujos membros têm todas as qualidades auspiciosas.

70. Om lakṣa koṭyaṇḍa nāyikāyai namaḥ

...a Ela que governa bilhões de galáxias.

71. Om lakṣyārthāyai namaḥ

...a Ela que é a experiência interior por trás de todas as proclamações Védicas.

72. Om lakṣaṇāgamyāyai namaḥ

...a Ela que não pode ser entendida por características.

73. Om labdhakāmāyai namaḥ

...a Ela cujos desejos são realizados.

74. Om latātanave namah

...a Ela cujo corpo se assemelha a uma fina trepadeira.

75. Om lalāmarā jadalikāyai namaḥ

...a Ela que tem uma *tilaka* feita de almíscar na testa.

76. Om lambi muktā latāñcitāyai namaḥ

... a Ela que é adornada com uma tornozeleira de pérolas penduradas.

77. Om lambodara prasave namaḥ

... a Ela que é a mãe de Ganesha.

78. Om labhyāyai namaḥ

... a Ela que é alcançável.

79. Om lajjāḍhyāyai namaḥ

...a Ela que tem a qualidade da timidez.

80. Om laya varjitāyai namaḥ

... a Ela que nunca é destruída.

81. Om hrīmkāra rūpāyai namaḥ

... a Ela que é a sagrada sílaba 'hrīm' (a quinta letra do 'pañcadasākṣari' mantra).

Saudações à Mãe Divina

82. Om hrīmkāra nilayāyai namaḥ
... a Ela que habita na sagrada sílaba 'hrīm'.

83. Om hrīm pada priyāyai namaḥ
... a Ela que gosta do mantra 'hrīm'.

84. Om hrīmkāra bījāyai namaḥ
... a Ela que é a semente do som 'hrīm'.

85. Om hrīmkāra mantrāyai namaḥ
... a Ela cujo mantra é o som 'hrīm'.

86. Om hrīmkāra lakṣaṇāyai namaḥ
... a Ela que é indicada pelo som 'hrīm'.

87. Om hrīmkāra japa suprītāyai namaḥ
...a Ela que fica muito satisfeita pelo japa de 'hrīm'.

88. Om hrīmatyai namaḥ
...a Ela que é dotada de modéstia.

89. Om hrīm vibhūṣaṇāyai namaḥ
...a Ela cujo ornamento é o som 'hrīm'.

90. Om hrīm śīlāyai namaḥ
...a Ela que manifesta 'hrīm'.

91. Om hrīm padārādhyāyai namaḥ
...a Ela que é adorada pelo som 'hrīm'.

92. Om hrīm garbhāyai namaḥ
...a Ela que é a fonte de 'hrīm'.

93. Om hrīm padābidhāyai namaḥ
...a Ela que é conhecida pelo som 'hrīm'.

94. Om hrīmkāra vācyāyai namaḥ
...a Ela que é indicada por 'hrīm'.

95. Om hrīmkāra pūjyāyai namaḥ
...a Ela que é para ser adorada por 'hrīm'.

Saudações à Mãe Divina

96. Om hrīmkāra pīṭhikāyai namaḥ
...a Ela que é a base de 'hrīm'.

97. Om hrīmkāra vedyāyai namaḥ
...a Ela que é conhecida por 'hrīm'.

98. Om hrīmkāra cintyāyai namaḥ
...a Ela que pode ser pensada através de 'hrīm'.

99. Om hrīm namaḥ
...a Ela que é 'hrīm'.

100. Om hrīm śarīriṇyai namaḥ
...a Ela cujo corpo é 'hrīm'.

101. Om hakāra rūpāyai namaḥ
...a Ela que é a letra 'ha'. (Essa letra indica a coragem que mata os inimigos. Essa é a sexta letra do 'pañcadasākṣari' mantra.)

102. Om hala dhṛt pūjitāyai namaḥ
...a Ela que é adorado por Balarāma (o irmão mais velho de Sri Krishna).

103. Om hariṇekṣaṇāyai namaḥ
...a Ela cujos olhos são como os de uma corça.

104. Om hara priyāyai namaḥ
...a Ela que é a amada de Shiva.

105. Om harārādhyāyai namaḥ
...a Ela que é adorada por Shiva.

106. Om hari brahmendra vanditāyai namaḥ
...a Ela que é adorada por Vishnu, Brahma e Indra.

107. Om hayā rūḍhā sevitāṅghryai namaḥ
...a Ela que é adorada pela cavalaria montada.

108. Om hayamedha samarcitāyai namaḥ
...a Ela que é adorada pelo sacrifício Aswamedha.

Saudações à Mãe Divina

109. Om haryakṣa vāhanāyai namaḥ
...a Ela que monta o leão (Durga).

110. Om hamsa vāhanāyai namaḥ
...a Ela que está montada sobre o cisne (Saraswati).

111. Om hata dānavāyai namaḥ
...a Ela que matou os demônios.

112. Om hatyādi pāpa śamanyai namaḥ
...a Ela que destrói até mesmo pecados graves como matar.

113. Om harid aśvādi sevitāyai namaḥ
...a Ela que é adorada por quem monta o cavalo verde(Indra).

114. Om hasti kumbhottuṅga kucāyai namaḥ
...a Ela que tem seios tão levantados como a testa do elefante.

115. Om hasti kṛtti priyāṅganāyai namaḥ
...a Ela que é a querida daquele que veste peles de elefante (Shiva).

116. Om haridrā kumkumā digdhāyai namaḥ
...a Ela cujo corpo é perfumado com cúrcuma em pó e *kumkum* (açafrão).

117. Om haryaśvādya marārcitāyai namaḥ
...a Ela que é adorada por devas como Indra.

118. Om harikeśa sakhyai namaḥ
...a Ela que é a amiga de Shiva.

119. Om hādi vidyāyai namaḥ
...a Ela que é a ciência do mantra 'pañcadasākṣari'.

120. Om hālā madollāsāyai namaḥ
...a Ela que está embriagada com o vinho que foi criado do oceano de leite.

121. Om sakāra rūpāyai namaḥ
...a Ela que é a letra 'sa' (que denota riqueza material e prazeres. 'Sa' é a sétima letra do mantra 'pañcadasākṣari').

122. Om sarvajñāyai namaḥ
...a Ela que é onisciente.

Saudações à Mãe Divina

123. Om sarveśyai namaḥ
...a Ela que reina sobre tudo.

124. Om sarva maṅgalāyai namaḥ
...a Ela que é toda auspiciosidade.

125. Om sarva kartryai namaḥ
...a Ela que é a fazedora de todas as ações.

126. Om sarva bhartryai namaḥ
...a Ela que protege tudo.

127. Om sarva hantryai namaḥ
...a Ela que destrói tudo.

128. Om sanātanāyai namaḥ
...a Ela que é eterna.

129. Om sarvānavadyāyai namaḥ
...a Ela que não tem nenhuma culpa.

130. Om sarvāṅga sundaryai namaḥ
...a Ela cuja forma inteira é bela.

131. Om sarva sākṣiṇyai namaḥ
...a Ela que é a testemunha de tudo.

132. Om sarvātmikāyai namaḥ
...a Ela que é a essência de tudo.

133. Om sarva saukhya dātryai namaḥ
...a Ela que dá toda a felicidade.

134. Om sarva vimohinyai namaḥ
...a Ela que ilude a todos.

135. Om sarvādhārāyai namaḥ
...a Ela que é o substrato de tudo.

136. Om sarva gatāyai namaḥ
...a Ela que a tudo permeia.

Saudações à Mãe Divina

137. Om sarva viguṇa varjitāyai namaḥ

...a Ela que é desprovida de defeitos.

138. Om sarvāruṇāyai namaḥ

...a Ela cujo corpo é ligeiramente avermelhado.

139. Om sarva mātre namaḥ

...a Ela que é a mãe de tudo.

140. Om sarva bhūṣaṇa bhūṣitāyai namaḥ

...a Ela que está decorada com todos os ornamentos.

141. Om kakārārthāyai namaḥ

...a Ela que é o significado da letra 'ka'. (A letra 'ka' representa luz. É a oitava letra do mantra 'pañcadasākṣari'.)

142. Om kāla hantryai namaḥ

...a Ela que é a destruidora da morte.

143. Om kāmeṣyai namaḥ
...a Ela que controla todos os desejos.

144. Om kāmitārthadāyai namaḥ
...a Ela que concede os objetos de desejo.

145. Om kāma sañjīvanyai namaḥ
...a Ela que reviveu o deus do amor.

146. Om kalyāyai namaḥ
...a Ela que é capaz da criação.

147. Om kaṭhina stana maṇḍalāyai namaḥ
...a Ela que tem seios firmes.

148. Om kara bhorave namaḥ
...a Ela que tem coxas como a tromba de um elefante.

149. Om kalā nāthā mukhyai namaḥ
...a Ela cujo rosto é como a lua cheia.

Saudações à Mãe Divina

150. Om kaca jitāmbudāyai namaḥ

...a Ela cujo cabelo se assemelha à uma nuvem escura.

151. Om kaṭākṣa syandi karuṇāyai namaḥ

...a Ela cujo olhar é cheio de compaixão.

152. Om kapāli prāṇa nāyikāyai namaḥ

...a Ela que é a esposa do Senhor Shiva.

153. Om kāruṇya vigrahāyai namaḥ

...a Ela que é a personificação da compaixão.

154. Om kāntāyai namaḥ

...a Ela que é bela.

155. Om kānti bhūta japāvalyai namaḥ

...a Ela cujo brilho é como o da flor de hibisco.

156. Om kalālāpāyai namaḥ

...a Ela que se envolve com as artes.

157. Om kambu kaṇṭhyai namaḥ
...a Ela cujo pescoço tem dobras como uma concha espiralada.

158. Om kara nirjita pallavāyai namaḥ
...a Ela cujas mãos são mais suaves do que brotos de folhas macias.

159. Om kalpa vallī sama bhujāyai namaḥ
...a Ela cujos braços são como trepadeiras que concedem desejos.

160. Om kastūri tilakāñcitāyai namaḥ
...a Ela que usa um ponto de almíscar entre as sobrancelhas.

161. Om hakārārthāyai namaḥ
...Ela que é o significado da letra 'ha'. (A letra 'ha' representa dinheiro, coragem, valor, etc. Essa é a nona letra do mantra 'pañcadasākṣari'.)

162. Om hamsa gatyai namaḥ
...a Ela que se move como um cisne.

163. Om hāṭakābharaṇojjvalāyai namaḥ
...a Ela que brilha usando ornamentos de ouro.

Saudações à Mãe Divina

164. Om hāra hāri kucā bhogāyai namaḥ

...a Ela cujos seios são adornados por lindas guirlandas.

165. Om hākinyai namaḥ

...a Ela que corta as amarras.

166. Om halya varjitāyai namaḥ

...a Ela que está desprovida de más qualidades.

167. Om haritpati samārādhyāyai namaḥ

...a Ela que está sendo adorado pelos oito deuses que guardam as diferentes direções (*dig palakas*).

168. Om haṭhātkāra hatāsurāyai namaḥ

...a Ela que matou os *asuras* rapidamente graças à sua valentia.

169. Om harṣa pradāyai namaḥ

...a Ela que dá felicidade.

170. Om havir bhoktryai namaḥ

...a Ela que consome a oferenda dada à sacrifício no fogo.

171. Om hārda santamas āpahāyai namaḥ

...a Ela que remove a escuridão do coração.

172. Om hallīsa lāsya santuṣṭāyai namaḥ

...a Ela que fica satisfeita com a *rasa lila*.

173. Om hamsa mantrārtha rūpiṇyai namaḥ

... Ela que é o significado do mantra '*hamsa*' ('*So ham*', 'Eu sou Ele')

174. Om hānopādāna vinirmuktāyai namaḥ

...a Ela que é livre de perdas e ganhos.

175. Om harṣiṇyai namaḥ

...a Ela que está encantada.

176. Om hari sodaryai namaḥ

...a Ela que é a irmã do Senhor Vishnu.

Saudações à Mãe Divina

177. Om hāhā hūhū mukha stutyāyai namaḥ

...a Ela que é louvada por seres celestiais chamados Hāhā e Hūhū.

178. Om hāni vṛddhi vivārjitāyai namaḥ

...a Ela que vai além da destruição e do crescimento.

179. Om hayyaṅgavīna hṛdayāyai namaḥ

...a Ela que tem um coração que derrete como manteiga.

180. Om harigopāruṇāmśukāyai namaḥ

...a Ela que é da cor vermelha.

181. Om lakārākhyāyai namaḥ

...a Ela que é a letra 'la'. (Essa é a décima letra do mantra 'pañcadasākṣarī'.)

182. Om latā pūjyāyai namaḥ

...a Ela que está sendo adorada por mulheres castas.

183. Om laya sthityut bhaveśvaryai namaḥ

...a Ela que é quem controla a dissolução, a sustentação e a manifestação.

184. Om lāsya darśana santuṣṭāyai namaḥ
...a Ela que fica contente ao ver a dança.

185. Om lābhālābha vivarjitāyai namaḥ
...a Ela que não tem nem ganhos nem perdas.

186. Om laṅghyetarājñāyai namaḥ
...a Ela que não obedece ordens alheias.

187. Om lāvaṇya śalinyai namaḥ
...a Ela que é de uma beleza sem igual.

188. Om laghu siddhidāyai namaḥ
...a Ela que concede realizações com facilidade.

189. Om lākṣā rasa savarṇābhāyai namaḥ
...a Ela que brilha como a cor do suco de lākṣā (uma planta violeta brilhante).

190. Om lakṣmaṇāgraja pūjitāyai namaḥ
...a Ela que foi adorada pelo Senhor Rama (o irmão mais velho de Lakshmana)

Saudações à Mãe Divina

191. Om labhyetarāyai namaḥ

...a Ela que é alcançável por outros.

192. Om labdha bhakti sulabhāyai namaḥ

...a Ela que pode ser facilmente alcançada pela devoção (*bhakti*).

193. Om lāṅgalāyudhāyai namaḥ

...a Ela que tem um arado como arma (em sua forma de Adisesha).

194. Om lagna cāmara hasta śrī śāradā parivījitāyai namaḥ

...a Ela que é servida por Lakshmi e Saraswati.

195. Om lajjāpada samārādhyāyai namaḥ

...a Ela que é adorada por aqueles que são modestos.

196. Om lampaṭāyai namaḥ

...a Ela que se escondeu dos princípios terrenos.

197. Om lakuleśvaryai namaḥ

...a Ela em quem as comunidades do mundo se fundem.

198. Om labdha mānāyai namaḥ
...a Ela que é exaltada por todos.

199. Om labdha rasāyai namaḥ
...a Ela que alcançou a felicidade definitiva.

200. Om labdha sampat samunnatyai namaḥ
...a Ela que tem o apogeu da riqueza.

201. Om hrīmkāriṇyai namaḥ
...a Ela que é a letra 'hrim'. (Essa é a décima primeira letra do 'pañcadasākṣari' mantra.)

202. Om hrīmkārādyāyai namaḥ
...a Ela que é a origem do 'hrīm'.

203. Om hrīm madhyāyai namaḥ
...a Ela que está no meio de 'hrīm'.

204. Om hrīm śikhāmaṇyai namaḥ
...a Ela que usa 'hrīm' em sua cabeça.

Saudações à Mãe Divina

205. Om hrīmkāra kuṇḍāgni śikhāyai namaḥ

...a Ela que é a chama da fogueira (*homa kundam*) chamado 'hrīm'.

206. Om hrīmkāra śaśi candrikāyai namaḥ

...a Ela que é cada raio de néctar da lua, chamados de 'hrīm'.

207. Om hrīmkāra bhāskara rucyai namaḥ

...a Ela que é cada beatífico raio de sol, chamados de 'hrīm'.

208. Om hrīmkārāmboda cañcalāyai namaḥ

...a Ela que é o relâmpago de nuvens negras chamado 'hrīm'

209. Om hrīmkāra kandāmkurikāyai namaḥ

...a Ela que é o broto do tubérculo chamado 'hrīm'.

210. Om hrīmkāraika parāyaṇāyai namaḥ

...a Ela que confia completamente em 'hrīm'.

211. Om hrīmkāra dīrghikā hamsyai namaḥ

...a Ela que é o cisne brincando no canal chamado 'hrīm'.

212. Om hrīmkārodyāna kekinyai namaḥ
...a Ela que é a pavoa brincando no jardim de 'hrīm'.

213. Om hrīmkārāraṇya hariṇyai namaḥ
...a Ela que é a corça brincando na floresta de 'hrīm'.

214. Om hrīmkārā lavā lavallyai namaḥ
...a Ela que é a trepadeira no canteiro de flores de 'hrīm'.

215. Om hrīmkāra pañcara śukyai namaḥ
...a Ela que é o papagaio verde na gaiola chamada 'hrīm'.

216. Om hrīmkārāṅgaṇa dīpikāyai namaḥ
...a Ela que é a luz que fica acesa no pátio chamado 'hrīm'.

217. Om hrīmkāra kandarā simhyai namaḥ
...a Ela que é a leoa que vive na caverna chamada 'hrīm'.

218. Om hrīmkārāmbhoja bṛṅgikāyai namaḥ
...a Ela que é o inseto brincando na flor de lótus chamada 'hrīm'.

Saudações à Mãe Divina

219. Om hrīmkāra sumano mādhvyai namaḥ

...a Ela que é o mel na flor chamada 'hrīm'.

220. Om hrīmkāra taru mañjaryai namaḥ

...a Ela que é o ramo de flores na árvore chamada 'hrīm'.

221. Om sakārākhyāyai namaḥ

...a Ela que é a letra 'sa'. (A décima segunda letra do mantra 'pañcadasākṣari'.)

222. Om samarasāyai namaḥ

...a Ela que está imparcialmente em estado de graça em todas as situações.

223. Om sakalāgama samstutāyai namaḥ

...a Ela que é louvada por todos os Vedas.

224. Om sarva vedānta tātparya bhūmyai namaḥ

...a Ela que é o lugar que é a essência de todo Vedanta.

225. Om sad asad āśrayāyai namaḥ

...a Ela que é a fundação daquilo que é e do que não é.

226. Om sakalāyai namaḥ
...a Ela que é tudo.

227. Om saccidānandāyai namaḥ
...a Ela que é Existência, Consciência e Beatitude.

228. Om sādhyāyai namaḥ
...a Ela que é para ser alcançada.

229. Om sad gati dāyinyai namaḥ
...a Ela que dá a salvação.

230. Om sanakādi muni dhyeyāyai namaḥ
...a Ela que é sobre quem meditam sábios como Sanaka.

231. Om sadā śiva kuṭumbinyai namaḥ
...a Ela que é a esposa de Shiva.

232. Om sakalādhiṣṭhāna rūpāyai namaḥ
...a Ela que é o substrato de tudo.

Saudações à Mãe Divina

233. Om satya rūpāyai namaḥ

...a Ela que é a personificação da verdade.

234. Om samā kṛtayai namaḥ

...a Ela cuja forma é uniformemente moldada.

235. Om sarva prapañca nirmātryai namaḥ

...a Ela que constrói todo o universo.

236. Om samānādhika varjitāyai namaḥ

...a Ela que não tem igual nem superior.

237. Om sarvottuṅgāyai namaḥ

...a Ela que é a maior entre tudo.

238. Om saṅga hīnāyai namaḥ

...a Ela que não tem apego a nada.

239. Om saguṇāyai namaḥ

...a Ela que tem boas qualidades.

240. Om sakaleṣṭadāyai namaḥ
...a Ela que satisfaz todos os desejos.

241. Om kakāriṇyai namaḥ
...a Ela que é a letra 'ka'. (Essa é a décima terceira letra do mantra 'pañcadasākṣari'.)

242. Om kāvya lolāyai namaḥ
...a Ela que desfruta de poesia.

243. Om kāmeśvara manoharāyai namaḥ
...a Ela que rouba a mente de Shiva.

244. Om kāmeśvara prāṇa nāḍyai namaḥ
...a Ela que é o nervo-vital de Shiva.

245. Om kāmeśotsaṅga vāsinyai namaḥ
...a Ela que se senta do lado esquerdo do colo de Shiva.

246. Om kāmeśvarāliṅgitāṅgyai namaḥ
...a Ela que é abraçada por Shiva.

Saudações à Mãe Divina

247. Om kāmeśvara sukha pradāyai namaḥ

...a Ela que dá felicidade a Shiva.

248. Om kāmeśvara praṇayinyai namaḥ

...a Ela que é a amada de Shiva.

249. Om kāmeśvara vilāsinyai namaḥ

...a Ela que é o jogo divino de Shiva.

250. Om kāmeśvara tapaḥ siddhyai namaḥ

...a Ela que alcançou a Shiva através de austeridades.

251. Om kāmeśvara manaḥ priyāyai namaḥ

...a Ela que agrada a mente de Shiva.

252. Om kāmeśvara prāṇa nāthāyai namaḥ

...a Ela que controla a vida de Shiva.

253. Om kāmeśvara vimohinyai namaḥ

...a Ela que ilude a Shiva.

254. Om kāmeśvara brahma vidyāyai namaḥ
...a Ela que é o conhecimento absoluto de Shiva.

255. Om kāmeśvara gṛheśvaryai namaḥ
...a Ela que é a Senhora da casa de Shiva.

256. Om kāmeśvarāhlāda karyai namaḥ
...a Ela que faz a Shiva supremamente feliz.

257. Om kāmeśvara maheśvaryai namaḥ
...a Ela que é a Deusa de Shiva.

258. Om kāmeśvaryai namaḥ
...a Ela que é Kameshwari, consorte de Shiva.

259. Om kāma koṭi nilayāyai namaḥ
...a Ela que governa o kāma kōṭi pīṭa em Kāñchīpuram.

260. Om kāṅkṣitārthadāyai namaḥ
...a Ela que satisfaz os desejos dos devotos.

Saudações à Mãe Divina

261. Om lakāriṇyai namaḥ

...a Ela que é a letra 'la'. (Essa é a décima quarta letra do mantra 'pañcadasākṣari'.)

262. Om labdha rūpāyai namaḥ

...a Ela que assumiu uma forma.

263. Om labdha dhiyai namaḥ

...a Ela que é cheia de sabedoria.

264. Om labdha vāñchitāyai namaḥ

...a Ela cujo os desejos são todos realizados.

265. Om labdha pāpa mano dūrāyai namaḥ

...a Ela que está longe do alcance dos pecadores.

266. Om labdhāhaṅkāra durgamāyai namaḥ

...a Ela que é difícil de alcançar pelos egoístas.

267. Om labdha śaktyai namaḥ

...a Ela que tem todos os poderes.

268. Om labdha dehāyai namaḥ
...a Ela que assume um corpo.

269. Om labdhaīśvarya samunnatyai namaḥ
...a Ela que tem todas as glórias.

270. Om labdha vṛddhyai namaḥ
...a Ela que tem toda a prosperidade.

271. Om labdha līlāyai namaḥ
...a Ela que encena uma peça.

272. Om labdha yauvana śālinyai namaḥ
...a Ela que é sempre jovem.

273. Om labdhātiśaya sarvāṅga saundaryāyai namaḥ
...a Ela que possui uma forma impressionantemente bela.

274. Om labdha vibhramāyai namaḥ
...a Ela que encena a peça de manter o mundo.

Saudações à Mãe Divina

275. Om labdha rāgāyai namaḥ
...a Ela que existe como amor.

276. Om labdha pataye namaḥ
...a Ela que tem Shiva como seu marido.

277. Om labdha nānāgama sthityai namaḥ
...a Ela que é a manifestação dos Vedas

278. Om labdha bhogāyai namaḥ
...a Ela que é a experiência absoluta.

279. Om labdha sukhāyai namaḥ
...a Ela que desfruta da felicidade.

280. Om labdha harṣābhi pūritāyai namaḥ
...a Ela que está plena de deleite.

281. Om hrīmkāra mūrtyai namaḥ

...a Ela que é a personificação do som 'hrīm'. (Essa é a décima quinta e última letra do mantra 'pañcadasākṣari'.)

282. Om hrīmkāra saudha śṛiṅga kapotikāyai namaḥ

...a Ela que é a pomba que vive no topo do palácio chamado 'hrīm'.

283. Om hrīmkāra dugdhābdhi sudhāyai namaḥ

...a Ela que é o néctar batido do oceano de leite chamado 'hrīm'.

284. Om hrīmkāra kamalendirāyai namaḥ

...a Ela que é a Deusa Lakshmi sentada no lótus chamado 'hrīm'.

285. Om hrīmkāra maṇi dīparciṣe namaḥ

...a Ela que é a luz da lâmpada ornamental chamada 'hrīm'.

286. Om hrīmkāra taru śārikāyai namaḥ

...a Ela que é a joaninha pousada na árvore chamada 'hrīm'.

287. Om hrīmkāra peṭaka maṇyai namaḥ

...a Ela que é a pérola trancada na caixa chamada 'hrīm'.

Saudações à Mãe Divina

288. Om hrīmkārādarśa bimbitāyai namaḥ

...a Ela que é a imagem refletida no espelho chamado 'hrīm'.

289. Om hrīmkāra kośāsilatāyai namaḥ

...a Ela que é a espada brilhante na bainha chamada 'hrīm'.

290. Om hrīmkārāsthāna nartakyai namaḥ

...a Ela que é a dançarina no palco chamado 'hrīm'.

291. Om hrīmkāra śuktikā muktāmaṇaye namaḥ

...a Ela que é a pérola encontrada na ostra chamada 'hrīm'.

292. Om hrīmkāra bodhitāyai namaḥ

...a Ela que é indicada pelo som 'hrīm'.

293. Om hrīmkāramaya sauvarṇa stambha vidruma putrikāyai namaḥ

...a Ela que é a estátua de coral nos pilares brilhantes chamados 'hrīm'.

294. Om hrīmkāra vedopaniṣade namaḥ
...a Ela que é o Upanishad no Veda chamado 'hrīm'.

295. Om hrīmkārā dhvara dakṣiṇāyai namaḥ
...a Ela que é o dinheiro doado no portão chamado 'hrīm'.

296. Om hrīmkāra nandanārāma nava kalpaka vallaryai namaḥ
...a Ela que é a nova trepadeira do jardim divino chamado 'hrīm'.

297. Om hrīmkāra himavad gaṅgāyai namaḥ
...a Ela que é o rio Ganga na montanha do Himalaya chamada 'hrīm'.

298. Om hrīmkārārṇava kaustubhāyai namaḥ
...a Ela que é a gema preciosa que nasceu do oceano chamado 'hrīm'.

299. Om hrīmkāra mantra sarvasvāyai namaḥ
...a Ela que é a riqueza total extraída do mantra 'hrīm'.

300. Om hrīmkārapara saukhyadāyai namaḥ
...a Ela que dá a infinita felicidade de 'hrīm'.

Ārati

Hino que se canta para a Amma durante o ārati (circulação da cânfora acesa ao redor da Deidade), seguido pelas preces de finalização.

ōm jaya jaya jagad jananī vandē amṛtānandamayī
mangaḷa ārati mātaḥ bhavāni amṛtānandamayī
mātā amṛtanandamayi

Om. Vitória! Vitória à Mãe do Universo. Reverências Àquela que está plena de beatitude eterna (Amritanandamayi). Ofereço esse auspicioso Arati para ti, Mãe Bhavani.

jana mana nija śukhadāyini mātā amṛtānandamayī
mangala kāriṇi vandē jananī amṛtānandamayi
mātā amṛtānandamayi

Adorações Àquela dá verdadeira felicidade para as pessoas, que dá todas as coisas boas.

sakalāgama niga mādiṣu charitē amṛtānandamayī
nikhilāmaya hara jananī vandē amṛtānandamayī
mātā amṛtānandamayī

Você é Aquela glorificada nos Vedas e nos Sastras. Adorações Àquela que destrói toda a infelicidade.

prēma rasāmṛta varṣini mātā amṛtānandamayī;
prēma bhakti sandāyini mātā amṛtānandamayī
mātā amṛtānandamayī

Você derrama o nectar do Amor, ó Doadora de Amor incondicioinal.

śamadama dāyini manalaya kāriṇi amṛtānandamayī
satatam mama hṛdi vasatām dēvi amṛtānandamayī
mātā amṛtānandamayī

Você dá auto-controle interno e externo. Ó, Senhora que dissolve a mente, ó Devi, gentilmente habite sempre o meu coração.

patitōdhāra nirantara hṛdayē amṛtānandamayī
paramahamsa pada nilayē dēvī amṛtānandamayī
mātā amṛtānandamayī

Em Seu coração Sua intenção é levantar os que caíram. Você está estabelecida no estado de Paramahamsa (Alma Realizada).

hē jananī jani maraṇa nivāriṇi amṛtānandamayī
hē śrita jana paripālini jayatām amṛtānandamayī
mātā amṛtānandamayī

Ó Mãe, que salva do ciclo de nascimento e morte, que dá refúgio a todos que buscam Sua proteção.

sura jana pūjita jaya jagadambā amṛtānandamayī
sahaja samādhi sudanyē dēvī amṛtānandamayī
mātā amṛtānandamayī

Você é Aquela adorada pelos deuses, plena e estabelecida no estado natural de samadhi.

om jaya jaya jagad jananī vande amṛtānandamayī
maṅgala ārati mātaḥ bhavāni amṛtānandamayī
mātā amṛtānandamayī

Om. Vitória! Vitória à Mãe do Universo. Reverências Àquela que está plena de beatitude eterna (Amritanandamayi). Ofereço esse auspicioso Arati para ti, Mãe Bhavani.

Jai bolo sadguru mātā amṛtānandamayī devī kī

(Líder:) Diga 'Vitória à Professora da Verdade Mata Amritanandamayi Devi!'

Jai

Vitória!

Preces de encerramento

Om asatomā sadgamaya
tamasomā jyotirgamaya
mṛityormā amṛtamgamaya
om śāntiḥ śāntiḥ śāntiḥ

Om, nos guie da não-verdade para a verdade,
da escuridão para a luz,
da morte para a imortalidade.
Om paz, paz, paz

Om lokāḥ samastāḥ sukhino bhavantū
lokāḥ samastāḥ sukhino bhavantū
lokāḥ samastāḥ sukhino bhavantū
om śāntiḥ śāntiḥ śāntiḥ

Om, que todos os seres
em todos os mundos sejam felizes!
Om paz paz paz

Om pūrṇamadaḥ pūrṇamidam
pūrṇāt pūrṇamudacyate
pūrṇasya pūrṇamādāya
pūrṇam-evā-vaśiśyate
om śāntiḥ śāntiḥ śāntiḥ

Om, Aquilo é completo, isso é completo,
do que é completo o completo se manifesta
Se tirarmos o completo do completo,
o completo permanece.
Om paz paz paz

Om śrī gurubhyo namaḥ – harī om

Om, reverências aos auspiciosos gurus
Hari Om

Bhagavad Gītā – Capítulo 8

Recitado em Amritapuri em ocasiões especiais tais como ritos funerários

Athāṣṭo'dhyāyaḥ akṣarabrahma yogaḥ

Capítulo oitavo, 'O Yoga do Brahman Imperecível'

Arjuna uvāca

Arjuna disse:

Kim tad brahma kim adhyātmam/kim karma puruṣottama
adhibhūtam ca kim proktam/adhidaivam kim ucyate /1

O que é este Brahman? O que é o Adhyatma (o Ser essencial)? O que é ação? Ó melhor entre os homens, o que é declarado ser o Abhibhoota (o Senhor dos seres)? E o que se diz ser Adhidaiva (o Senhor dos Deuses)?

Adhiyajñaḥ katham ko'tra/dehe'smin madhusūdana
prayāṇakāle ca katham/jñeyo'si niyatātmabhiḥ /2

Quando e como Adhiyajna está aqui neste corpo, ó destruidor de Madhu? E como, na hora da morte, Você pode ser conhecido pelo auto-controlado?

Śrī Bhagavān uvāca

O Senhor Abençoado disse:

Akṣaram brahma paramam/svabhāvo'dhyātmam ucyate
bhūta bhāvod bhava karo/visargaḥ karma saṁjñitaḥ /3

Brahman é o Imperecível, o Supremo, Sua natureza essencial é chamada de conhecimento do Ser. A força criativa que faz com que os seres se manifestem é chamada de ação (karma).

Adhibhūtam kṣaro bhāvaḥ/puruṣaś cādhidaivatam
adhiyajño'ham evātra/dehe dehabhṛtām vara /4

Adhiboota constitui Minha natureza perecível e o Habitante Interior é o Adhidaivata. Eu Sou o Adhiyajna aqui neste corpo, ó Arjuna.

Antakāle ca māmeva/smaran muktvā kalevaram
yaḥ prayāti sa madbhāvam/yāti nāstyatra saṁśayaḥ /5

E quem ao deixar o corpo, sair lembrando-se só de Mim, na hora da morte ele alcança Meu ser. Não há dúvida sobre isso.

Yam yam vāpi smaran bhāvam/tyajatyante kalevaram
tam tam evaiti kaunteya/sadā tadbhāvabhāvitaḥ /6

Quem quer que seja, ao deixar o corpo, vai para o ser em quem ele habita. Isso é devido ao seu pensamento constante sobre este ser.

Tasmāt sarveṣu kāleṣu/mām anusmara yudhya ca
mayy arpita mano buddhir/mām evaiṣyasy asaṁśayaḥ /7

Portanto, em todos os momentos, lembre-se de Mim e lute. Com a mente e o intelecto fixos em Mim, sem dúvida você virá somente a Mim.

Abhyāsa yoga yuktena/cetasā nānya gāminā
paramam puruṣam divyam/yāti pārthānucintayan /8

Aquele que afasta a mente de todas as distrações, mantém-na firme através do método da meditação habitual e constantemente medita no Supremo Purusha, o Resplandecente, tal pessoa vai até o Supremo.

Kavim purāṇam anuśāsitāram aṇor anīyāṁsam anusmared yaḥ
sarvasya dhātāram acintya rūpam āditya varṇam tamasaḥ parastāt /9

Quem medita sobre o Onisciente, o Ancestral, o Governante, Aquele que é menor que um átomo, o Mantenedor de tudo, Aquele cuja forma é inconcebível, é luminoso como o sol e se situa além da escuridão.

Prayāṇa kāle manasācalena bhaktyā yukto yoga balena caiva
bhruvor madhye prāṇam āveśya saṁyak sa tam param puruṣam upaiti divyam /10

Aquele que na hora da morte, com a mente inabalável cheia de devoção, fixando a energia vital entre as sobrancelhas com o poder do yoga, tal pessoa alcança o resplandecente e Supremo Purusha.

Yad akṣaram vedavido vadanti/ viśanti yad yatayo vītarāgāḥ
yad icchanto brahmacaryam caranti/ tat te padam saṅgraheṇa pravakṣye /11

Aquele que é declarado Imperecível pelos instruídos nos Vedas, aquele no qual entram os autocontrolados e isentos de desejos, aquele que é desejado na prática de Brahmacharya, este objetivo eu declararei a você brevemente.

Sarva dvārāṇi saṁyamya/mano hṛdi nirudhya ca
mūrdhny ādhāyātmanaḥ prāṇam/āsthito yogadhāraṇām /12

Controlando todos os sentidos, tendo confinado a mente no coração, centralizando a energia vital internamente, empenhado na prática da concentração.

Om ity ekākṣaram brahma/vyāharan mām anusmaran
yaḥ prayāti tyajan deham/sa yāti paramām gatim /13

Proferindo a sílaba ‘Om’, o símbolo de Brahman, e lembrando-se de Mim, se atinge o objetivo Supremo ao deixar o corpo.

Ananya cetāḥ satatam yo/mām smarati nityaśaḥ
tasyāham sulabhaḥ pārtha/nitya yuktasya yoginaḥ /14

Eu sou facilmente alcançável por este Yogi, sempre firme, que constantemente se lembra de Mim, todos os dias, sem pensar em nada mais, ó Arjuna.

Mām upetya punar janma/duḥkhālayam aśāśvatam
nāpnuvanti mahātmānaḥ/saṁsiddhim paramām gatāḥ /15

Tendo Me alcançado, essas grandes almas não renascem nesta efêmera morada da dor. Elas atingem a mais elevada perfeição.

Ābrahma bhuvanāl lokāḥ/punar āvartino’rjuna
mām upetya tu kaunteya/punar janma na vidyate /16

Todos os mundos, inclusive o de Brahma, o criador, estão sujeitos ao renascimento, ó Arjuna. Mas aquele que Me alcança nunca renasce.

Sahasra yuga paryantam/ahar yad brahmaṇo viduḥ
rātrim yuga sahasrāntām/te'ho rātra vido janāḥ /17

Aqueles que conhecem a duração do Dia de Brahma e da Noite de Brahma, cada um sendo de mil eras, conhecem o dia e a noite.

Avyaktād vyaktayaḥ sarvāḥ/prabhavanty aharāgame
rātry āgame pralīyante/tatraivāvyakta sāṁjñake /18

A partir do imanifesto, todos os manifestados avançam na chegada do Dia. Na chegada da Noite eles se dissolvem neste mesmo imanifesto.

Bhūta grāmaḥ sa evāyam/bhūtvā bhūtvā pralīyate
rātry āgame'vaśaḥ pārtha/prabhavaty ahar āgame /19

A multidão de seres nasce irremediavelmente e é dissolvida repetidamente, ó Arjuna, durante os sucessivos dias e noites de Brahma.

Paras tasmāt tu bhāvo'nyo/'vyakto'vyaktāt sanātanaḥ
yaḥ sa sarveṣu bhūteṣu/naśyatsu na vinaśyati /20

Mas, em verdade, há a existência eterna além da natureza imanifesta. Ela não é destruída quando todos os seres são destruídos.

Avyakto'kṣara ity uktas/tam āhuḥ paramām gatim
yam prāpya na nivartante/tad dhāma paramam mama /21

Este Imperecível é a meta suprema. Aqueles que a alcançam jamais retornam: é Minha morada suprema.

Puruṣaḥ sa paraḥ pārtha/bhaktyā labhyas tvananyayā
yasyāntaḥ sthāni bhūtāni/yena sarvam idam tatam /22

Aquele Purusha supremo, ó Arjuna, é alcançável através da devoção constante a Ele. Nele todos os seres habitam, e tudo isto é permeado por Ele.

Yatra kāle tvanāvṛttim/āvṛttim caiva yoginaḥ
prayātā yānti tam kālam/vakṣyāmi bharatarṣabha /23

Agora eu lhe direi quando os Yogis partem somente para retornar novamente, e quando os Yogis partem para nunca mais voltar.

Agnir jyotir ahaḥ śuklaḥ/ṣaṇmāsā uttarāyaṇam
tatra prayātā gacchanti/brahma brahma vido janāḥ /24

Fogo, luz, o período diurno, a quinzena em que a lua é brilhante e os seis meses de solstício do Norte: estando nesta trajetória, aqueles que conhecem Brahman vão para Brahman.

Dhūmo rātris tathā kṛṣṇaḥ/ṣaṇmāsā dakṣiṇāyanam
tatra cāndramasam jyotir/yogī prāpya nivartate /25

Névoa, o período noturno, a quinzena em que a lua está escura e os seis meses do solstício de verão: seguindo esta trajetória e alcançando a luz lunar, o Yogi retorna.

Śuklakṛṣṇe gatī hyete/jagataḥ śāśvate mate
ekayā yāty anāvṛttim/anyayā'vartate punaḥ /26

O caminho da luz e o caminho da escuridão, ambos disponíveis para o mundo, são eternos. Pelo caminho da luz, o homem vai e não retorna; pelo caminho da escuridão ele retorna.

Naite sṛtī pārtha jānan/yogī muhyati kaścana
tasmāt sarveṣu kāleṣu/yogayukto bhavārjuna /27

Conhecendo esses caminhos, ó Arjuna, nenhum Yogi é iludido. Portanto, permaneça firme no Yoga.

Vadeṣu yajñeṣu tapaḥsu caiva dāneṣu yat puṇya phalam pradiṣṭam
atyeti tat sarvam idam viditvā yogī param sthānam upaiti cādyam /28

Qualquer que seja o mérito que alguém alcance através do estudo dos Vedas, da realização de sacrifícios ou prática de austeridades e de caridade, para além destes méritos vai o Yogi, que tendo conhecido estes dois caminhos, atinge o Supremo.

Om tat sat iti śrīmad bhagavadgītāsu
upaniṣadsu brahma vidyāyām
yoga śāstre śrī kṛṣṇārjuna saṁvāde
akṣarabrahma yogo nāmāṣṭo'dhyāyaḥ

Assim, no Upanishad cantado pelo Senhor, na ciência de Brahman, na escritura do Yoga, no diálogo entre Sri Krishna e Arjuna, termina o oitavo capítulo, intitulado 'O Yoga do Brahman Imperecível'.

Om sarva dharmān parityajya mām ekam śaraṇam vraja
aham tvā sarva pāpebhyo mokṣayiṣyāmi mā śucaḥ (Cap. 18.66)

Renunciando a todos os dharmas, refugie-se somente em Mim. Eu o libertarei de todos os pecados; não se aflija.

Bhagavad Gītā – Capítulo 15

Recitado em Amritapuri antes das refeições, seguido pelo Mantra Yagna

Atha pañcadaśo'dhyāyaḥ puruśottama yogaḥ

Capítulo quinze: O Yoga da Pessoa Suprema

Śrī bhagavān uvāca

O Senhor Abençoado disse:

Ūrdhva mūlam adhaḥ-śākham/aśvattham prāhur avyayam
chandāṁsi yasya parṇāni/yas tam veda sa veda vit /1

Aquele que conhece a árvore Peepul (figueira-de-bengala) – descrita como imperecível, cujas raízes estão no Ser Primordial, cujo caule é representado por Brahma, cujas folhas são os Vedas, - é um conhecedor dos Vedas.

Adhaś cordhvam prasṛtās tasya śākhā
guṇa-pravṛddhā viṣaya-pravālāḥ
adhaś ca mālāny-anusantatāni karmānubandhīni manuṣya-loke /2

Alimentados pelas três gunas e tendo os objetos dos sentidos como folhas, os galhos dessa árvore se estendem tanto para baixo quanto para cima. Suas raízes, que conectam a alma, de acordo com suas ações, ao corpo humano, estão espalhadas em todas as regiões, tanto superiores quanto inferiores.

Na rūpam asyeha tathopalabhyate
nānto na cādir na ca sampratiṣṭhā
aśvattham enam suvirūḍha mūlamasaṅga śastreṇa dṛḍhena chittvā /3

A natureza desta árvore da criação não corresponde, após um pensamento amadurecido, ao que ela parece representar. Ela não tem início nem fim, nem mesmo estabilidade. Portanto, após derrubar esta árvore Peepul, firmemente enraizada, com o machado do desapego, ...

Tataḥ padam tat parimārgitavyam
yasmin gatā na nivartanti bhūyaḥ
tam eva cādyam puruṣam prapadye
yataḥ pravṛttiḥ prasṛtā purāṇī /4

... procure ativamente por este estado supremo. Aquele que atinge esse estado não retorna mais a este mundo. Tendo se dedicado totalmente a esse Ser Primordial, de quem o fluxo desta criação sem início progride, deve-se Nele habitar e sobre Ele meditar.

Nirmāna-mohā jita-saṅga-doṣā
adhyātma-nityā vinivṛtta-kāmāḥ
dvandvair vimuktāḥ sukha-duḥkha-saṁjñair
gaccanty-amūḍhāḥ padam avyayam tat /5

Aqueles sábios que são isentos de orgulho e de ilusão, que venceram o mal do apego, que estão em união eterna com Deus, cujos anseios cessaram e que estão imunes aos pares de opostos do prazer e da dor, alcançam aquele supremo estado imortal.

Na tad bhāsayate sūryo/na śaśāṅko na pāvakaḥ
yad gatvā na nivartante/tad dhāma paramam mama /6

Nem o sol nem a lua, nem mesmo o fogo podem iluminar aquele estado supremo, auto-luminoso. Alcançando-o, a pessoa jamais retorna a este mundo. Aquela é Minha morada suprema..

Mamaivāṁśo jīva-loke/jīva bhūtaḥ sanātanaḥ
manaḥ-ṣaṣṭhānīndriyāṇi/prakṛti-sthāni karṣati /7

A força vital eterna em cada corpo é uma partícula do Meu próprio ser. É apenas ela que atrai em torno de si a mente e os cinco sentidos que repousam na natureza.

Śarīram yad avāpnoti/yac cāpy-utkrāmatīśvaraḥ
gṛhītvaitāni saṁyāti/vāyur gandhān ivāśayāt /8

Assim como o vento transporta os aromas de seu local de origem, a força vital interna, controladora do corpo, transporta a mente e os sentidos consigo, quando deixa um corpo e migra para outro.

Śrotram cakṣuḥ sparśanam ca/rasanam ghrāṇam eva ca
adhiṣṭhāya manaś cāyam/viṣayān upasevate /9

É enquanto habita nos sentidos da audição, tato, paladar, visão e olfato, assim como na mente, que a força vital desfruta dos objetos dos sentidos.

Utkrāmantam sthitam vāpi/bhuñjānam vā guṇānvitam
vimūḍhā nānupaśyanti/paśyanti jñāna-cakṣuṣaḥ /10

O ignorante não conhece a alma que parte do corpo em que habitou e desfrutou dos objetos dos sentidos. Somente aqueles dotados do olho da sabedoria são capazes de vê-la.

Yatanto yoginaś cainam/paśyanty-ātmany-avasthitam
yatanto'py-akṛtātmāno/nainam paśyanty-acetasaḥ /11

O Yogi xxx esforçado vê o Ser consagrado em seu coração. O ignorante, cujo coração não foi purificado, não conhece o Ser, apesar de seus melhores esforços..

Yad āditya-gatam tejo/jagad bhāsayate'khilam
yac candramasi yac cāgnau/tat tejo viddhi māmakam /12

A luz no sol que ilumina o mundo inteiro, a luz na lua e a luz no fogo, saiba que essa luz vem somente de Mim.

Gām āviśya ca bhūtāni/dhārayāmy-aham ojasā
puṣṇāmi cauṣadhīḥ sarvāḥ/somo bhūtvā rasātmakaḥ /13

Permeando o solo, sou Eu que sustento todas as criaturas pelo Meu poder vital. Tornando-me a lua e seu néctar, eu nutro todas as plantas.

Aham vaiśvānaro bhūtvā/prāṇinām deham āśritaḥ
prāṇāpāna-samāyuktaḥ/pacāmy-annam catur-vidham /14

Tomando a forma do fogo alojado no corpo de todas as criaturas e unido às suas exalações e inalações, sou Eu que consumo os quatro tipos de alimentos.

Sarvasya cāham hṛdi sanniviṣṭo mattaḥ smṛtir jñānam apohanam ca vedaiś ca sarvair aham eva vedyo vedānta kṛd veda vid eva cāham /15

Sou eu que permaneço situado no coração de todas as criaturas; Eu sou o controlador interno de tudo. Eu sou a fonte da memória, do conhecimento e da razão. Eu sou o único objeto digno de ser conhecido através dos Vedas. Eu sou o pai dos Vedas e também o conhecedor dos Vedas.

Dvāv imau puruṣau loke/kṣaraś cākṣara eva ca
kṣaraḥ sarvāṇi bhūtāni/kūṭa-stho'kṣara ucyate /16

Existem dois seres neste mundo, o Perecível e o Imperecível. Os corpos de todos os seres são o Perecível; a alma encarnada é o Imperecível.

Uttamaḥ puruṣas tvanyaḥ/paramātmety-udāhṛtaḥ
yo loka-trayam āviśya/bibharty-avyaya īśvaraḥ /17

A Pessoa Suprema, todavia, é diferente destes seres. Tendo entrado em todos os três mundos, Ela protege e mantém tudo. Ela é referida como o Senhor Imperecível e o Espírito Supremo.

Yasmāt kṣaram atītoham/akṣarād api cottamaḥ
ato'smi loke vede ca/prathitaḥ puruṣottamaḥ /18

Estou além do Perecível e do Imperecível, por isso sou conhecido como a Pessoa Suprema, tanto neste mundo quanto nos Vedas.

Yo mām evam asammūḍho/jānāti puruṣottamam
sa sarva vid bhajati mām/sarva bhāvena bhārata /19

Arjuna, a pessoa sábia que desta maneira Me percebe como a Pessoa Suprema, conhece tudo e constantemente Me adora com todo seu ser.

Iti guhyatamam śāstram/idam uktam mayānagha
etad buddhvā buddhimān syāt/kṛta kṛtyaś ca bhārata /20

Este é o ensinamento mais esotérico e foi desta forma comunicado por Mim. Fixando-se em sua essência, o homem se torna sábio e sua missão na vida é cumprida.

Om tat sat, iti śrīmad bhagavadgītāsu
upaniṣadsu brahma vidyāyām
yoga śāstre śrī kṛṣṇārjuna saṁvāde
puruṣottama yogo nāma pañcadaśo'dhyāyaḥ

Assim, no Upanishad cantado pelo Senhor, na ciência de Brahman, na escritura da Yoga, no diálogo entre Sri Krishna e Arjuna, termina o décimo-quinto capítulo, intitulado 'A Yoga da Pessoa Suprema'.

Om sarva-dharmān parityajya mām ekam śaraṇam vraja
aham tvā sarva-pāpebhyo mokṣayiṣyāmi mā śucaḥ (Cap. 18.66)

Renunciando a todos os dharmas, refugie-se somente em Mim. Eu o libertarei de todos os pecados. Não se aflija.

Yagna Mantra

Mantra de Sacrifício, Bhagavad Gītā 4.24

Entoado em Amritapuri antes das refeições.

Om – Brahmārpaṇam brahma havir
brahmāgnau brahmaṇā hutam
brahmaiva tena gantavyam brahma karma samādhinā
Om śāntiḥ śāntiḥ śāntiḥ
Om śrī gurubhyo namaḥ - harī om

Om. Brahman é quem dá, Brahman é a oferenda do alimento, por Brahman o alimento é oferecido ao fogo de Brahman.

Brahman é o que há de se alcançar pela completa absorção na ação de Brahman.

Om, paz, paz, paz.

Om, Reverências aos auspiciosos Gurus, Hari Om.

Guia de pronúncia

Vogais

a é pronunciado como **a** em amor

ā é pronunciado como **a** mas aproximadamente duas vezes mais longo, como o primeiro **a** em palha.

i é pronunciado como **i** em vida

ī é pronunciado aproximadamente duas vezes mais longo que o **i** como em vivo.

u é pronunciado como **u** em ura

ū ū é pronunciado como **u**, mas aproximadamente duas vezes mais longo, como o último u de urubú.

e é fechado como o segundo **e** em vereda e soa sempre longo.

ai é pronunciado como **ai** em pai

o é pronunciado como **o** em ovo, e soa sempre longo.

au é pronunciado como **au** em mau

A linha sobre a vogal faz com que sua duração seja duas vezes mais longa. No sânscrito, não há linhas sobre as vogais **e** e **o**, pois são sempre longas.

ṛ é pronunciado como **r** em arado

ḷ é pronunciado como **l** em laiva

Consoantes

k é pronunciado como **k** em Kaká

kh é pronunciado como **ckh** em Ockham

g é pronunciado como **g** em gato

gh é pronunciado como **gh** em dog-house

ṅ é pronunciado como **ng** em sing

c é pronunciado como **tch** em tchau

ch é pronunciado como **chh** em staunch-heart

j é pronunciado como **j** em dja

jh é pronunciado como **dgeh** em hedgehog

ñ é pronunciado como **nh** em banho

ṭ é pronunciado como **t** em todo

ṭh é pronunciado como **th** no inglês lighthouse

ḍ é pronunciado como **d** em dado

ḍh é pronunciado como **dh** no inglês red-hot

ṇ é pronunciado como **n** em nave

As letras d, t, n com um ponto abaixo são pronunciadas com a ponta da língua tocando o céu da boca.

t é pronunciado como **t** em todo

th é pronunciado como **th** no inglês lighthouse

d é pronunciado como **d** em dado

dh é pronunciado como **dh** no inglês red-hot

n é pronunciado como **n** em nave

As letras d, t, n sem pontos são consoantes dentais pronunciadas com a língua contra a base dos dentes de cima.

p é pronunciado como **p** em palha

ph é pronunciado como **ph** no inglês up-hill

b é pronunciado como **b** em bola

bh é pronunciado como **bh** no inglês rub-hard

m é pronunciado como **m** em mola

ṁ ṁ Antes de um som gutural como ṅ, antes de um som do palato como ṇ, antes de um som dental como n e antes de um som labial como m.

ḥ a vogal precedente é repetida depois de ḥ, então aḥ soa como aha, iḥ como ihi, uḥ como uhu.

ṣ é pronunciado como **sh** em **sh**ip, com a ponta da língua no palato.

ś é pronunciado como **sh** em **ship**, com a ponta da língua contra os dentes superiores

s é pronunciado como **s** em

h é pronunciado como **h** no inglês hot

y é pronunciado como **j** em yoga

r é pronunciado como **r** em caro
l é pronunciado como **l** em limão
v é pronunciado como **w** em vida

www.ingramcontent.com/pod-product-compliance
Lightning Source LLC
Chambersburg PA
CBHW070137100426
42743CB00013B/2735
9781680378474